名师名校名校长

凝聚名师共识
回应名师关怀
打造名师品牌
培育名师群体

高中数学单元教学

整体生成论

李晓波 著

吉林教育出版社
·长春·

图书在版编目（CIP）数据

高中数学单元教学整体生成论 / 李晓波著. -- 长春：
吉林教育出版社, 2024. 9. -- ISBN 978-7-5734-3468-5

Ⅰ. G633.602

中国国家版本馆CIP数据核字第20240C480F号

高中数学单元教学整体生成论　　　　　　　　　　　　　李晓波　著

责任编辑　刘　勇　　　　　　　　　　　　　**装帧设计**　言之凿

出版　吉林教育出版社（长春市同志街1991号　　　邮编　130021）

发行　吉林教育出版社

印刷　北京政采印刷服务有限公司

开本　710毫米×1000毫米　　1/16　　**印张**　13.5　　　**字数**　232千字

版次　2025年3月第1版　　　**印次**　2025年3月第1次印刷

书号　ISBN 978-7-5734-3468-5

定价　58.00元

序　言

当前，随着经济的快速发展，人类正步入一个以全球化、信息化、知识创新为特点的大数据时代。新的时代对我国的教育，特别是基础教育，提出了更高的要求。为了适应新时代高速发展的需要，国家提出着力培养学生的核心素养。数学学科作为基础性学科之一，对于夯实学生知识基础、促进学生核心素养发展具有重要的价值。我国《普通高中数学课程标准（2017 年版 2020 年修订）》中强调，教师要整体把握教学内容，抓住主线，促进学生数学核心素养的发展，而数学单元教学就是培养学生数学核心素养的有效途径之一，也是改变课时教学中学生知识"碎片化"现象的较为准确的一个方向。然而，当前恰恰缺乏高中数学单元教学的理论指导和可供参考的教学策略。因此，对高中数学单元教学做必要的理论分析，建构行之有效的高中数学单元教学策略，帮助一线教师有效地开展高中数学单元教学，就成为教学研究的当务之急。

《高中数学单元教学整体生成论》一书基于整体主义理论、生成论教学哲学和弗赖登塔尔的数学教育理论的理论支撑，运用了思辨研究与行动研究相结合的方法，围绕"对高中数学单元教学应有怎样的基本认识""如何初步建构高中数学单元教学整体生成策略""高中数学单元教学整体生成策略在实践中如何应用"三个主要问题展开研究工作。作者从宏观层面上对高中数学单元教学和整体生成策略进行了理论分析，在中观层面构建了高中数学单元教学整体生成策略，在微观层面则探索了高中数学单元教学的具体实践案例。其创新之处在于，在对"整体"和"生成"的内涵进行深刻理论分析的基础上，成功地构建了高中数学单元教学的整体生成策略。

这本书的显著特点是，一方面，首次成功运用生成论教学哲学于数学教学理论与实践研究，对数学单元教学理论进行了深层次的探讨，特别是对高中数学单元教学的内涵特征、结构功能、价值追求等理论问题进行了较系统的探讨，填补了国内这方面的研究空白；另一方面，在理论研究的基础上，进一步提出了可供研究参考颇有分析借鉴价值的高中数学单元教学实践案例，并对数学单元教学实施后的实际情况进行了监测与分析。总之，本书为教学哲学理论向学科教学研究和实践的转化，为数学教学理论与实践的有效结合及应用推广，提供了一个比较成功的研究范例。

作者李晓波在华南师范大学攻读博士学位期间，我是他的导师，他的勤学慎思，他的实践情怀，都让我深深感动。李晓波原来在广东省国家示范性高中惠州市第一中学工作，是一位教学名师，可以说是一位集丰富一线教学经验和一定理论功底于一身的数学教育栋梁之材，后调到惠州市教育科学研究院任高中数学教研员，这样就更发挥了他的专业特长，也希望他能够再接再厉，为我国数学教育事业贡献更大的力量。

本书是一部研究基础教育教学改革的学术力作，能够为学校如何开展基于教学哲学理论支撑的教学改革与研究，提供有益的借鉴和启示。同时，本书也是教学一线教师优化课堂教学、加强和提高自身专业素养与教学能力的一本很好的读物，对即将走向中小学教师岗位的师范院校大学生，特别是数学教育类专业大学生来讲，也是一部从业指导书。我相信本书的出版，必将对中小学数学课堂教学改革和素质教育的落实，起到积极的推动作用。

　　本书适合一线数学教师、高等院校相关专业本科生和研究生、数学教育研究者，以及其他学科的广大教师阅读参考，可以作为开展教学实践改进、从事教学研究和提升教育教学及教研能力的阅读资料和参考书目。毋庸讳言，书中的一些内容，特别是相关学术观点，或许有可商榷之处，大家是否赞同，就有赖读者诸君自行判断与取舍了。相信大家，开卷有益。

张广君

教育学博士、华南师范大学教授、博士生导师

目 录

第四章

高中数学单元教学整体生成策略的建构

第五章

高中数学单元教学的实践探索

第一章
高中数学单元教学研究概述

为提升学生核心素养，改变课时教学中学生知识的"碎片化"现象，帮助一线教师有效地开展高中数学单元教学，笔者指出研究高中数学单元教学策略的必要性与重要性。文中通过梳理前人的研究成果，对研究现状进行综述，提出高中数学单元教学整体生成策略的研究设想。

第一节 研究背景

一、时代要求：核心素养育人的新需求

随着经济的快速发展，人类正步入一个以全球化、信息化、知识创新为特点的大数据时代。而数据时代对我国的教育，特别是基础教育，提出了更高的要求。2016 年 9 月《中国学生发展核心素养》颁布，林崇德认为构建学生核心素养体系，既是全面实施素质教育、深化教育教学改革、着力提升教育教学质量的迫切需要，又是顺应全球教育改革发展趋势、大力提升我国教育国际竞争力的需要。随后，2017 年版高中各科课程标准也明确了具体的学科核心素养。2020 年 1 月，教育部考试中心研制的《中国高考评价体系》针对"培育怎样的人才、如何培育人才、为谁培育人才"这一基本问题给出明确答案。文中指出，要进一步提升学生综合素质，着力发展学生的核心素养。我国教育部确立的以核心素养为指向的新时代人才培养目标，为未来进一步深化课程改革指明了前进的方向。这一时代诉求，对教学理论与实践提出了新的要求和挑战。

为了培育学生的核心素养，我们需要思考"怎么培养人"的问题，

要探索能培养学生核心素养的教学策略。崔允漷教授指出，我们的培养目标从双基到核心素养，那就需要进行单元教学设计，以单元来组织教学。他认为，站在单元的水平，就能看到素养；如果站在知识点的水平，则看不到素养，只有单元教学是指向核心素养的教学。钟启泉教授指出，对于一线教师而言，学会单元设计意味着教师作为专家的学习与成长。倡导以"核心素养"为基础的单元设计，应成为基础教育阶段教学工作中，教师进行研修的侧重点。

可见，为了顺应新时代下全球教育改革发展趋势，使学生适应社会发展，则需要提升学生的核心素养。以核心素养为指向的单元教学，就是一个较为准确的方向和较为有效的抓手。因此，研究如何进行单元教学设计，如何开展单元教学活动等，是尤为迫切且必要的事情。

二、学科诉求：数学学科的整体性要求

数学是一门研究客观世界数量关系和空间形式的科学，作为中小学的一门基础课程，它的重要性不言而喻。陈省身先生指出，数学能够超前描述客观世界的理由在于"科学本身的整体性"。华罗庚先生强调，一般来说，数学本身是一个互相联系的有机整体。史宁中教授认为，"在数学研究渐渐深入的形势下，数学领域正形成多个分支，甚至演变为多个流派。即使数学领域形成了多个分支，由于数学研究问题的切入点并不存在差别，逻辑推理原则也是相同的，所以，数学的一致性也将保持不变。这就意味着，尽管数学领域内的所有分支所研究的问题也存在较大差异，但各分支领域所得结果是一致的，并不存在冲突。因此，人们难免因数学的整体一致性而折服"。

在传统的课时教学中，教师更注重知识点的教学，忽视学生对数学

知识的整体建构，易于导致学生出现知识"碎片化"的现象，造成只见"树木"而忽视"森林"的情形，学生整体逻辑思维能力与知识迁移能力较弱，会对数学素养的发展带来不良影响；同时也使部分教师局限于教材的内容教学，难以对教学内容形成系统性的把握。因此，关注和完善数学教育的整体性势在必行。而数学单元教学是改变课时教学中学生知识的"碎片化"现象、充分发挥数学教育整体性的有效途径。所以，研究有效开展高中数学单元教学的教学策略有一定的现实意义。

三、现实困境：落实数学单元教学需要

我国《普通高中数学课程标准（2017 年版 2020 年修订）》中强调，教师要整体把握教学内容，抓住主线，促进学生数学核心素养的发展。诚然，新课程标准导向高中数学老师应该以单元教学为教学的主要组织形式。但是，在数学教学实践中，很多教师并未采用，或者形式上采用而实际上是"穿新鞋走老路"。一方面，许多教师认为以知识点为主的讲授会更实用，以单个课时来备课会更熟悉和方便，在当前的应试教育背景下，他们依然以"考试"为方法，以"试卷"为法宝，通过测试对学生进行知识点应用的训练。然而，在学生看来，数学知识有如割裂的孤岛，会对构建系统化的知识体系带来负面影响。另一方面，部分数学教师并不了解高中数学单元教学的内涵，对其价值认识不清。同时，也没有可操作性强的教学策略供教师们参考，更没有实践的效果让他们信服。高中数学单元教学实践举步维艰，不能很好地落实到日常教学中。

如何认识高中数学单元教学？可以采用哪些有效的单元教学策略？单元教学应如何改造升级以满足新课程标准的相关要求，为新课程标准进入课堂提供有效途径？这其中巨大的留白空间也为本研究提供了思考

来源。

综上所述，为提升学生核心素养，改变课时教学中学生知识的"碎片化"现象，帮助一线教师有效地开展高中数学单元教学，研究如何落实高中数学单元教学、如何有效开展高中数学单元教学的教学策略，已显得尤为迫切且必要。

第二节　文献综述

一、"单元教学"的相关研究

（一）"单元教学"的国外研究

单元教学理论的提出与"新教育运动"的发展密不可分。欧美国家于 19 世纪末 20 世纪初实施了"新教育运动"，对教育进行了改革，这项运动的核心特点是建立与旧式的传统学校在教育目的、内容、方法上完全不同的新学校，它指出学习内容以及活动应是完整的，如果人为割裂，将导致学生难以掌握所学内容，不利于学生的学习能力培养。

在卢梭教育思想、格式塔心理学等的影响下，德可乐利（1871—1932，比利时教育家、心理学家和医生）于 19 世纪末，强调关注儿童的本能以及兴趣，提出两项教学原则，即教学的"整体化"和"兴趣中心"，具体分别是指将儿童需求以及兴趣爱好作为教育的目标和切入点，并于 1907 年在布鲁塞尔新创建的学校中实施这项教育制度。单元教学理论倡导"把学习内容细分成较大的单元，优先确定单元题目，随后结合单元题目来安排教学内容、方式方法，各单元均是一个有机整体，是互相独立的"。按照该观点，德可乐利将课程细分成两种类型，即与个人、环境相关的知识，改变了原有的分科体系。随后将"与个人相关的知识"进行进一步划分，再结合"属于环境的知识"建立教学单元，逐年学习。德可乐利所使用的单元教学法被视作单元教学的开端。

20世纪初期，美国注重提升学生对于社会生活的适应能力，具体到教学实践中，要求教师以学生的生活需求为主题开展单元教学，被称作"单元学习"。杜威倡导进行实用主义的单元教学，并提出了与单元教学相关的教学模式，基本流程如下：设置问题情景→明确问题或课题→明确问题的解决方案→按照计划执行→进行总结评估。

之后，克伯屈（1871—1965）提出了"设计教学法"，该法注重发展个体的完整人格，并以倡导取消对学科的划分为核心特点，将学生按照一定目的参加的学习活动作为学习单元，即推行"学习大单元"制度，紧扣学生的兴趣来安排各种教学活动。它注重将儿童的需求以及爱好作为教学活动的切入点，教育的核心在于"按照一定目标来开展活动"，并按照活动目标的差异，将设计教学法划分成以下类型：分别以生产者、消费者、问题、练习为导向等不同类型的设计。依照这种分类方式组织学习，改变了原有的学科分类思路，紧扣学生的兴趣偏好来开展教学活动，其步骤为：明确目标→确立计划→提出方案→按照计划执行。这种教学方法赋予学生对学习目标以及内容的决策权，使学生在自主设计、负责的单元活动中获取相关知识，更好地提升能力以解决问题。

1930年，Morrison计划将教材视作一种有机整体来组织学生学习，指出学生学习的目标并不局限于对教材零散知识的识记，而是为学生掌握并熟悉知识起到引导作用。其创建的"莫里逊单元教学法"是一种总结的程序，曾在美国广为流行，这种教学法能够为学生解决问题提供有力的指导。

"莫里逊单元教学法"主要采用明确问题→针对问题给出提示→理解问题→合理推断的步骤来进行教学。问题是指教师安排学生进行探讨、测验等，使学生对将要学习的内容产生兴趣，并针对这些内容合理提问；提示是教师对单元内容进行讲述的基本纲要，旨在调动学生的学习兴趣，并采用测验的方式，帮助学生发现知识盲点；理解是指学生基于教师在课堂中对于知识点的讲述、剖析，收集各类资料，对所学内容形成深刻理解；推断是指学生按照学习的内容阐明学习成果。在"莫里逊单元教学法"中，教师的核心任务在于对学习单元的内容进行合理选择、规划，结合学生的兴趣偏好，设计与学生学习能力相符的教学流程，使学生更好地掌握所学内容。

第二次世界大战爆发以后，许多国家对教育进行积极探索并实施教改，这也为单元教学的发展起到了一定的促进作用。特别是随着系统论等理论的诞生，单元教学得到了进一步发展，呈现出了愈发明显的科学主义倾向。1950 年以后，Smith 等人重新审视了单元的二分法，指出在教学实践中，教材单元的学习与经验是一个有机整体，二者是密不可分的，而不是相互孤立的，并与"过程单元""教材单元"区别开来，前者包含了"规范单元"等，主要以思维过程为侧重点，后者包含了"适应单元"，主要以所需掌握的技能知识为侧重点。至此，无论在理论层面上，还是在实践层面上，单元教学已建立起较为系统化的体系。

"掌握学习"的理论由布鲁姆于 1960 年提出，并开展了教学实验，对单元教学的发展起到了一定的促进作用。"掌握学习"要求将单元作为进行教学的单位，通过设置清晰的教学目标来对单元内的教学活动进行控制。紧扣教学目标来开展教学，并将学科的总目标细分成多个小目标，再将小目标细分成多个具体小节，结合教学目标将教材细分成多个教材单元。此外，在教学工作中坚持作用反馈和矫正程序，为学生掌握所学单元内容提供保障，最终实现教学目标。"掌握学习"具有以下基本特点：一是学生应实现教育目标定义的掌握目标；二是教学内容应细分成多个学习单元，各单元教材按照顺序编制，进而实现单元目标；三是学生只有在掌握前一单元的内容以后才能学习下一单元；四是完成各单元的内容学习以后，务必通过测验来判断自己是否在学习中取得进步，然后教师为学生提供反馈意见；五是按照反馈结果，教师为学生进行合理校正做出相应安排，完成单元内容的学习；六是时间被视作部分教学的核心变量。可以结合教学目标、补救性以及充实性活动来进行教学设计。掌握教学的理论得以普及应用，大量研究结果表明，相较于传统教学，掌握教学能改善学习效果。通过对这种教学理论进行研究，罗伯特指出，相较于常规班级教学，这种教学方法会给学生的学习带来正面的影响。勒温娜认为，在掌握基本知识、技能方面，掌握教学具备一定优势，特别适合城市中小学生。

"掌握学习"理论的提出对我国的教学改革有所启发，对单元教学的发展起到了一定的促进作用。

从近几年的国外文献看，学者们给出了围绕大概念的单元整体教学设计的框架和步骤。其中，国外比较有代表性的是埃里克森等提出的单元设计的 11 个步骤，威金斯的逆向设计三步骤，以及查莫斯等提出的单元设计六步骤。单元设计策略也体现在美国教科书的设计上，目前美国 5~8 年级使用较广泛的是美国帕迪利亚博士主编的《科学探索者》系列教材，其后由浙江教育出版社于 2013 年引进我国。

对各国与单元教学相关的起源以及发展历史进行分析不难发现，从最初诞生到后期发展与完善的过程中，单元教学的研究范围不断扩大，研究层次逐步深入，特别是对教学方法的设计更加明确、完善，推动了相应时期教育教学的发展。

然而，无论是德可乐利的单元教学法，还是克伯屈的设计教学法，均存在过于强调以学生的学习兴趣为中心的问题，最后导致学生知识缺乏系统性的结果。布鲁姆于 1960 年提出"掌握学习"的教学理论，因其吸收了多种教学理论的优点、便于操作、易于理解和使用，随后快速被其他国家采纳推广。但是，该理论也存在一定局限，例如需要反复矫正，会消耗大量时间；在对成绩较差的学生进行矫正学习时，不能很好地为学习成绩好的学生的发展提供保障；注重加强学生对过去所学知识的记忆，但忽略了对学生进一步学习能力的培养等。

（二）"单元教学"的国内研究

根据现有文献分析整理，笔者按照国内单元教学的发展史，将其发展历程划分成以下三个阶段。

1. 单元教学萌芽阶段

早在 20 世纪初期，我国单元教学便已诞生。例如，1908 年出版的《国文教科书》，其内容主要依照年代进行编写、排版，无论在篇幅方面，还是在思想方面，每小节的内容均较为协调一致。尽管当时并未明确指出应依照单元进行划分，但也蕴含了依照单元进行编制的思想。

梁启超先生在 1922 年发表的《中学以上作文教学法》中指出，教师不应以星期为单位、以两周或三周为一组进行统筹规划，不应以单一的文章为单位进行讲解，而是要进行分组讲解。他认为当代教材依然应按照分类编排、整组施教的思想进行编写。同时，他还提出了明确的教学方案，例如应结合相同类型的一组 10 篇文章来进行阅读，或者筛选相同类型的题目来提升学生的综合学习能力，采用这种方式来选读国文。尽管受时代所限，梁启超并未直接提出"单元教学"的概念，但在其教育理念中，分组的思想已是无处不在。无论是对国文教材进行系统化研读，还是针对学生学习提出的比较思维等，无一不是单元教学的原型。

2. 单元教学初步探索阶段

五四运动爆发以后，杜威来到中国讲学，并将"单元教学"的理念引入国内。1923 年，陈鹤琴创建了南京鼓楼幼稚园，这是我国第一所实验幼稚园，按照"设计教学法"开展了教学实验，进行了单元教学。及至 1930 年，我国已初步建立语文单元型教材的框架，例如《国文百八课》这部采用单元编排的方法出版的教材形成了综合型单元，将作业、知识等有机结合起来，重视语文科目的完整性、科学性。

新中国成立后的一段时期内，由于客观因素的影响，我国依然采用单元的形式来编排教材，但普遍存在结构欠系统化的问题。

3. 单元教学迅速发展阶段

1980 年以后，我国在新的社会形势下，教育界积极作为，在学习其他国家的先进理论的同时，结合基本国情就我国的教学模式进行了有意义的探索。在这个阶段中，单元教学再度受到重视，并掀起了一股研究热潮。传统教学方法以课时为单位，并未注重知识的连贯性问题，导致教科书中的目标以及知识无法形成完整的体系。同时，学生在学习阶段无法在不同的知识之间建立联系，难以建立知识网络，教学效果也就难免不尽如人意。有鉴于此，我国学界在各学科相继开展了单元教学的改革实践，取得了一定成效。

通过文献梳理，笔者对国内单元教学中典型的做法和观点进行如下综述。

（1）单元达标教学

20 世纪 80 年代末，为了提升山东省的教学质量，山东省教育科学研究所以"掌握教学"等为理论依据，进行了单元达标教学研究，建立了新的教学体系。这一教学体系主要包含了目标、教学模式、教学评价、教学管理等要素。

第一，目标要素主要是指结合横向、纵向线索建立基本框架，明确每堂课所占用的时间、单元教学目标完成进度的要求。

第二，教学模式要素主要包含教学模式与设计、组织形式与方法等。

第三，教学评价要素主要包含三个阶段的评价，教学前需进行诊断性评价，教学过程中应对目标完成情况、课堂教学进行评估，教学后需对教学质量进行评估。

第四，教学管理要素主要包含：①在教学过程中，进行分级管理；②在教学过程中，进行全程管理，例如前期进行教学设计，明确教学目标等，在教学阶段，对单元学习、学期学习的达标情况进行管理等；③分类教学管理，按照学生的学业成绩，分为良好、中等、较差三种类型来建立学习档案，具体包含学生的目标完成情况、学习偏好等信息；④常规教学管理，包含学科、达标教学两种常规管理。

山东省对单元达标教学开展了长达 8 年时间的大范围实验，研究结果表明，在提升课堂教学质量上，这种教学方法取得了良好效果。

通过对单元达标教学改革的规划与执行情况进行梳理，张志勇总结了整个改革流程的特点，即提供组织保障，将点与面有机结合起来，采用协作的方式攻克难关等。

自 1987 年以后，莱州市教学研究室进行了数学单元六步教学实验，本次实验持续 3 年，这也是单元达标教学的一种方法，结合中高年级教科书的知识结构，由教师明确教学目标并把握单元教学进度，在班级授课的主导下，结合小组学习，在使用单元教学法时，主要以学生自主学习为核心，辅以教师提供的指导进行教学。具体包含以下步骤：①明确教学目标，对教学内容有所了解；②把握要害，为学生提供方法；③严抓自学，使学生能够自主解决问题；④严抓训练，使学生能够触类旁通；⑤严抓形成性测试，对学生的学习情况进行及时评估；⑥严抓事后补救，全方位提升学生学习质量。实验结束以后，将实验班与最优班、中等班的测试结果进行对比，发现前二者并不存在显著差异，但与中等班存在明显差异，表明本次实验能产生一定的正面效果。

（2）单元整体教学

单元整体教学被用于广东省一所小学的教学工作中，针对教学实践中目标不清晰、教师无法起到明显的指导作用、质量较差的问题，紧扣"生本教育""以学定教"的思想，在语、数、外三门学科采用单元整体教学进行积极探索。这种教学方式的教学步骤较为稳定，教学中能为学生提供有力指导，并以各单元教学程序为准，形成教学模式的整体框架。该种教学模式的操作方法可总结为：对单元学习内容进行合理整合，提升小组合作学习的效率，合理地以学定教。针对单元整体教学的设计，有学者指出，应以系统论为依据，以知识的建构过程为侧重点，对教学单元进行系统化设计。在设计中，主要包含以下内容：明确教学单元的主题与目标，合理地筛选并安排教学内容，合理地选择教学方法并进行灵活组合等。李荣华指出这种教学方式主要将系统论等作为理论依据。

在应用于语文的单元整体教学的实践中，它通常与单篇教学相对应而存在。王学东指出这种教学方式具备比较性等四个原则，喻景生认为这种教学方式具备综合性、对比性等特点，黄金鑫则强调这种教学方式与信息论等理论相吻合。

（3）大单元教学

"大单元教学"的方法得到了广泛应用，其中有代表性的是天卉中学进行的教改工作。该校首先在数学学科进行了实验，之后向其他学科推广。其做法是：打乱教材之前的编排顺序，对教材进行重组、新增、删除、完善。在语文科目的实践中，优先结合语文知识将"模块单元"划分成不同类型，主要包含阅读与写作等多个部分。

为了解决小学语文教学"阅读写作较少，需要花费过多时间，低效"的问题，江苏省某实验小学进行了小学语文"四结合"大单元教学，在不增加儿童学习压力的基础上，以改善教材结构为切入点，增加名家名篇的占比，在"整体原理"的指导下重新编排教材，采用"大单元"的方式进行教学，根据教材篇与篇之间的关系进行教学，这种教学方法集中体现的是不再以碎片化的知识点为单位进行教学，而是以"知识链"等进行教学，有效改善了学生的知识结构。

（4）结构教学法

自1980年以来，孙维刚老师致力于初中、高中阶段的大循环教学实验，对数学教师教学能力、学生学习能力的培养进行研究，并取得了一定成果，为中学教育的发展起到了良好的推动作用。在孙老师任教的班级中，学生能用半年时间完成对初中课程的学习，用一年半的时间完成初中以及高中阶段六年课程的学习，在高考中，全班考入清北的学生占比过半，达到了55%，其余都考入了各地的一本院校，这种教学业绩震动了当时的教育界。在教学中，他注重将一些碎片化的知识串联成一个有机系统，尝试采用举一反三的教学新方法，将这种教学方法命名为"结构教学法"。

有学者认为，孙老师的结构教学法本质上是指对教科书的学科结构进行探索，通过发挥教师以及学生的主体作用，高效地将教材中的知识转化为学生大脑中的认知结构的方法。

（5）"非线性主干循环活动型"单元教学

林少杰提出了通过对教学内容进行重新解构，使内容表现为"非线性主干循环结构"的"非线性主干循环活动型"单元。具体而言，这种教学方式将教材的各单元内容分成工具类、非工具类、经验类与非重点内容四种类型，这四种教学内容分别具有以下特点：以教师讲解为主、由师生共同研究、以学生总结为核心、以学生阅读为核心。在此基础上，将工具类和非工具类内容整合成主干，省略后面的两种内容，建立以工具类知识为核心线索的结构，适度舍去教材中的次要内容，以网状结构或非线性结构来呈现知识之间的联系，使知识呈现出螺旋上升结构，建立由整体知识体系到局部，再到整体知识体系的闭环。对于后面两种类型的知识，则是采用不讲解或尽可能少地讲解的方式，依照"最近发展区"理论建立"最近发展区"，使学生在实践中改善数学认知结构。在这种理论模式的指导下，教师取得了良好的教学效果。例如，甄颖对该教学理论进行了实验研究，并提供了实施方案、流程图与课例，这种模式不仅对学生改变学习态度、激发学生的学习兴趣起到一定的促进作用，而且对教师专业化能力的提升起到一定的促进作用。

（6）基于"大概念"的单元教学

近年来，一些学者从"大概念"等方面对单元教学提出了新的见解。

顿继安等（2019 年）认为，学科大概念是指向具体学科知识背后的更为本质、更为核心的概念或思想，它建立了不同的学科知识间的纵横联系。以大概念为视角分析教学内容、确定单元，围绕大概念系统规划进阶式教学目标、确定单元教学结构、实施单元教学评价，能够赋予单元教学以实质性的意义，是知识转化为能力的重要途径。

周初霞（2019 年）指出，聚焦重要概念的单元整体教学设计，是高中教学中落实学科核心素养的重要途径。张粒（2021 年）在梳理单元整体教学内涵的基础上，从层级概念的解构建构、进阶目标的分解对接、真实情境的问题解决、思维与探究的双轮驱动、重要概念的外显整合，以及评价目标的落地回归等角度，着重探讨单元整体教学理念视角下如何聚焦重要概念开展课时教学实践。与此同时，崔楚民研究认为，大概念统摄下的单元设计正是撬动课堂转型的重要抓手，它能够在课堂教学与学科素养之间架起一座桥梁，帮助教师解决"教什么"和"怎么教"

的问题，促使教师从课程育人的角度思考教学实践。

张丹等（2020 年）主张，数学教学需要发挥结构的力量，促进学生的理解与迁移。数学大观念是内容、过程和价值的融合，"观念统领"的单元教学是发展学生数学素养的重要途径。他们分析了学科观念的教学对单元教学设计的指导性意义，并构建了以观念为统领的单元教学设计流程。在进一步借鉴国外链式课程设计、理解为先的课程设计后，他们提出教师应先要对主题教学的内容进行分析和整体设计，进而实施和进行课后评价。

西南大学的任明满（2022 年）认为，基于大概念设计大单元，创设真实情境，促进学生实践参与，发展高阶思维是当下大单元教学的主要共识。相对于改良主义的"自下而上"的设计路径，采取"自上而下"的逆向教学设计路径更加契合学科核心素养发展的本质要求，有利于突破当下大单元教学面临的理论研究困境、教研培训困境和实践探索困境，为学科核心素养落实提供新的选择。

刘奇飞（2022 年）认为，"大单元教学"作为一个从历史学科"大概念、大问题、大任务"出发的教学思路，有利于培养学生对历史规律的驾驭能力，塑造学生的共同主体性意识，强化高中生的跨文化交际能力。

根据以上对相关文献的收集整理，许多学者提出的"大概念"下的单元教学，是强调从整体的角度进行教学，希望通过"大概念"在课堂教学与学科素养之间架起一座桥梁，发挥"大概念"统领的作用，从而实现单元教学成为撬动课堂转型的重要抓手。

（7）以核心素养为导向的单元教学

近年来，在我国教育部确立的以核心素养为指向的新时代人才培养目标的背景下，一些学者对学生核心素养的发展与单元教学的联系提出了许多见解。

卢明（2021年）认为学习单元的设定不是教材的章节单元，而应该是以核心素养为导向的能够锻炼学生解决实际问题的真实教学环节，为培育学生核心素养，实现立德树人的教育目标，单元教学的实施是课程改革的必经之路。杨玉琴（2020年）认为单元教学设计对单元的选定应该全面考虑教学内容的完整性、关联性、独立性和目标一致性，学习单元的容量并没有固定的范围，但是要指向核心素养，拥有培养学生发展能力的属性。李俊鹏、魏洁（2021年）等人分析了学生核心素养的发展路径与展开单元教学的联系，认为指向核心素养的单元教学设计应具有统领性的目标、情境化的学习任务、持续的评价机制、整合的教学内容等特性。李润洲（2018年）认为单元教学设计应经历问题情境的引入、学习材料的感知、子任务的解决、实践性的自主研究等流程，在教学过程中应注重形成性评价的渗透，能通过评价的结果及时地调整教学策略和手段。崔允漷（2019年）提出单元教学是单元、课时、目标、素养等有机整合在一起形成完整的学习故事。

随着课程改革的持续推进，单元教学成为达成核心素养的重要路径已经获得研究者的共识，根据以上对相关文献的收集整理，我们对于单元教学的相关研究有了比较全面的了解。

二、"数学单元教学"的相关研究

鉴于本文研究的学科为数学，因而有必要对近几年有关数学单元教学的一些最新观点进行分析。

2016年，吕世虎等人在文章中对单元教学设计的特点、开展步骤、对教师专业能力提升的促进作用等进行了详细的阐述，有利于教师对单元教学的进一步认识，从而更好地进行单元教学设计。

2017 年，钟启泉教授发表的关于单元教学的典型研究之一《学会单元设计》中指出：单元教学能够将学习内容系统化地串连成一个整体，这与将内容划分成单一的知识点进行处理的传统教学方法存在明显差异。孙志刚提出一种新课改下教师如何进行教学的新思路，即把单元教学设计作为新的教学方式，从教学方法、目标等七个方面进行分析。李鑫倩使用教育目标分类学理论对单元教学的所有环节进行研究，以指导教师进行单元教学活动。对于单元教学主题的探讨，吕世虎等人指出：应立足于提升学生核心素质的视角，提升单元教学设计的整体效益，整体地重组和优化教材内容。王尚志教授提到，实现教学方式多样化和提高数学教师专业水平，要把单元教学设计的主题单元作为深度学习的核心，整体把握数学课程的抓手，要突出数学核心素养。

2018 年，陆鹏程通过构建一个"以学情分析为基础的小学数学单元教学设计"理论框架，对各种可行的方法进行研究，进而提升教学设计的"生本性"，改善教学设计方式，并使教师在"学情分析"时存在的问题得到解决，实现改善"学情分析"状况的研究目标。

2019 年，谢玉平在《基于核心素养的数学单元教学初探》中通过辨析数学单元的概念，为数学教师提出设计数学单元教学应遵循的原则和数学单元教学设计的必要环节，并提出了单元教学的教学建议和学法指导，为教师拓宽视野起到良好的促进作用。

在具体的数学单元内容方面，李昌官对"正弦定理和余弦定理"单元进行了研究，他使用高中数学研究型教学思想和技术路线图来制定单元学习目标、单元教学策略与教学过程的方法。赵婷在《"圆锥曲线与方程"单元教学设计研究》中，用一种整体观对"圆锥曲线与方程"一章的内容来设计单元教学。2019 年，申铁通过对课例进行评析，对"单元—课时"教学体系建构的价值以及教学路线进行了研究，且为了将课标落到实处，他还对"对数的概念与运算性质"的单元教学进行了一些教学思考。

在操作方面，为了让数学单元教学理念更好地落实到数学单元教学设计中，许多学者尝试提出模式化的操作步骤，较为典型的学者有华东师范大学钟启泉教授、西北师范大学吕世虎教授和人民教育出版社章建跃博士等。钟启泉教授提出的"ADDIE 模型"，即按照以下步骤进行单元设计：①分析：对学生的初始状态以及学习特点，教学内容与目标进行分析，设计对教材进行研究的具体指标，生成教学图；②开发：对教学步骤、学习条件等进行梳理总结；③实施：参照教学设计进行教学；④评价：根据教学后的情况来反思教学活动。"ADDIE 模型"注重从单元的角度开展"单元教学活动"，以免"将教学内容切分成零散的知识点进行处理，未能与前后课时建立联系"。有学者在该模型的基础上对"分式"内容进行了研究。通过对单元教学进行研究，吕世虎等提出了基本的设计步骤模型，该模型被众多学者参照引用，主要分成以下阶段：①前期准备，对学生的学习情况、教学方法以及教学内容等教学要素进行分析，明确单元教学内容；②开发设计，旨在明确单元教学目标，并对教学步骤进行合理设计；③评价调整，对教学流程进行评估、复盘、优化调整的过程。为了让数学单元教学更容易落地，章建跃提出了"设计体例与要求"。为倡导教师使用这种教学方法进行教学设计，他结合实例对教学设计的所有方面进行了具体化，指出单元教学设计包含教学内容、教学目标、学情等方面的研究内容，并将"内容解析"明确为"实质性内容""内容所蕴含的教学思想方法""内容的人才培育价值"和"对当前单元教学核心知识以及疑难知识点的阐明"等方面。章建跃强调，应按照单元教学设计来进行所有课时教学设计，避免碎片化教学。同时，单元教学设计应体现"数学的系统性、逻辑的连贯性、方法的普遍适用性、思想的统一性以及思维的系统性"，要求单元教学应"对教学活动进行整体设计"。

综合来看，对上述教学步骤的设计过程进行分析不难发现以下要点：①在"教学要素"方面基本包含教学内容、目标、学情等维度，并从这些维度来研究单元内容，表明教师主要将对单元内容的整体把握作为单元教学的核心任务；②倡导教师以教学要素的分析结果为基础，结合研究方法的普遍适用性等方面来设置完整的教学活动；③进行单元教学的目标在于避免学生在学习过程中出现仅掌握零散知识的情况。由此不难看出，单元教学设计可以为学生建立系统化的知识结构体系起到一定的促进作用，在单元教学下，学生不仅能较好地掌握单元中的知识点，还能掌握单元中知识点的内在关系，了解结构体系中所蕴含的思维方法。

三、文献述评

基于以上的文献归纳，丰富的教学策略研究成果对本文的教学策略构建提供了宝贵的理论与实践启发。从已有的研究来看，教学策略基本都有具体的针对性，本文研究的整体生成策略，是针对高中数学单元教学而提出的，那就要适合高中数学单元教学的特征，是为了保证高中数学单元教学的特定的教学价值的实现而采取的策略，它应该有助于保证高中数学单元教学有效开展并取得相应的发展效果。总的来说，教学策略是在某种理论导向下提出来的，一定是有明确的指向性的。本文提出的整体生成策略，是在整体主义理论和生成论教学哲学的导向下，指向提升高中数学单元教学的效果，促进高中数学单元教学充分发挥它的价值与功能。

就目前的研究现状而言，已有的单元教学研究侧重于小学和初中阶段，而涉及高中阶段的研究较少。不论是单元教学、结构教学，还是大单元教学，均是以单元为基本教学单位，结合知识的系统性、为解决课堂教学的知识碎片化的特点而提出的新型教学方式，借助"大概念""大问题""大背景"等形式，从整体的角度进行教学，强调教学的整体性。理论基础上主要认为是系统论，强调单元内容的整体性，提倡打破原有结构对内容进行重组、增删、优化。为了帮助学生建立系统的知识结构，这种教学方式将整体功能作为侧重点，要求教师对教材中的所有单元形成全面把握，以教学单元为整体开展教学活动；为了帮助学生全方位地学习并吸收知识，教学流程应力求完整。单元教学的优点反映在突显教学的系统性方面，能帮助学生融会贯通，使学生在掌握知识以后，能够正确地迁移应用，它对教学改革起到一定的推动作用，能够改善教学质量。

本研究拟在理论上探讨高中数学单元教学，并结合理论分析，初步构建高中数学单元教学整体生成策略。通过行动研究，对过程进行跟踪和分析，总结并完善高中数学单元教学整体生成策略。

第二章

高中数学单元教学的理论
基础与核心概念

本章提出本研究的理论基础:整体主义理论、生成论教学哲学和弗赖登塔尔的数学教育理论,厘清单元、单元教学、高中数学单元教学和高中数学单元教学整体生成策略的概念。

第一节　理论基础

一、整体主义理论

（一）国内外古代的整体观

"存在"的概念可追溯至古希腊时期，这一概念由巴门尼德提出，他认为存在是一个不可分割的整体，是固定不变的。而毕达哥拉斯认为任何事物都是由"数"演变而来，数的固有属性也为世间万物赋予了相应的特点。

对于整体观，亚里士多德进行了详述，他对整体与局部的关系、各构成部分的联系进行了分析，指出局部是整体的构成之一，整体由所有的局部构成。

近代以来，学者们进一步丰富了整体观思想，通过研究取得了新的成果和突破。

黑格尔提出了以下观点：

（1）世间中的任何事物都与其他事物存在多种联系。

（2）整体由局部构成，局部是整体的构成部分之一。

（3）整体中含有局部，一旦按照局部来阐释整体，那么整体将失去其应有的含义。

（4）如果将局部与整体割裂，则原本的意义也会荡然无存。

（5）真理是经过实践检验的科学系统。

康德曾明确表示整体高于局部，并且对二者的关系进行了进一步阐释。

索绪尔指出语言系统是一个有机整体，应结合整体细分出的部分对整体建立相应认知，各部分之间并不是孤立存在的，而是存在一定联系；部分与整体之间互相依赖，各部分均存在一个潜在整体。

在中国古代，不论是传统的阴阳等理论，还是对我国带来深远影响的儒家、道教文化，都有整体观的论述相关体现，这种思想堪称是我国古代传统文化的精髓之一。例如，老子认为世界具备统一性，是一个有机整体，任何事物都应从宏观视角来审视、观察，强调局部性质的叠加并不意味着整体的性质。

高晨阳指出，中国传统哲学具备"万物一体"的特点，具有"网络"的元素，是"周而复始"变化的整体，追求实现宇宙中的万事万物"大和谐"的整体；徐水生对"有机整体"等观念进行了探究、讨论，在对先秦系统观的评估中指出这一历史阶段的思想家们仅是通过感性认知来对世界进行含糊地概述，这一历史阶段的朴素辩证法文化环境也为系统观提供了发展空间；张桂敏教授认为，哲学思想中的"一"的思想反映了宇宙万物、人与自然统一的整体思想；孙国华对《周易》的整体观进行了概述，指出宇宙中的任何事物都是一个个易于变化的整体，客观事物都具备独特的整体结构，对于事物的变化规律，《周易》也对整体与部分的联系与变化进行阐述。邬焜从多个维度对我国古代的整体观思想进行了梳理，进而弘扬这种思想，他认为无论是在人们的生活中，还是在国家制定的决策上，整体观思想都能起到较大的作用。

值得一提的是，《黄帝内经》中蕴含着极为丰富的整体观思想，它指出人的器官的功能各不相同，它们不仅存在差异，又存在一定联系，形成了一个有机整体。在这种思想的引导下，其指出个体的特定部分出现病变以后，会对整个身体或器官带来一定影响，而个体的整体状态又会对局部的病变带来一定影响。

例如，个体五脏的健康情况可以通过鼻子的色泽来反映。假设春季鼻部显示出青色的色泽、夏季鼻部显示出红色的色泽、长夏则显示出红色的色泽、秋季显示出白色的色泽、冬季显示出黑色的色泽，则说明个体的五脏处于健康状态，并未发生病变。人体的所有部分与耳壳的各个部位存在明确的对应关系。人体脏腑或躯体患有疾病时，其在耳壳的对应部分会发生病变，例如发生形变、色变等。《黄帝内经》将个体置于特定的外部环境中进行研究，结合四季、思想情感等方面的变化，形成了人体与外部环境互相感应的观点。

（二）整体主义

1926 年，斯马茨在《整体论与进化》一书中提出整体主义（holism）。他对整体与局部的关系进行了阐释：即便将各部分叠加累积起来，也无法形成一个整体，这是由于相较于部分之和而言，整体明显更大。

整体主义源自希腊语的"holos"，其含义为"子整体"，在作为整体的一部分而存在时，其自身自成整体。例如在一个完整的有机体中，一个完整的细胞是构成部分之一，在一个完整的细胞中，一个完整的分子是构成部分之一，在一个完整的分子中，一个完整的原子是构成部分之一，等等。所有元素既不是一个单一的有机整体，也不只是整体的单一构成部分，而是它们既作为整体的构成部分而存在，自身又自成一个整体。约翰·米勒主张，在希腊语中，"holon"还表示"将整体以特定的方式结合以后形成的世界并不是其所有构成部分的总和"。

罗恩·米勒认为："它是任何存在都是一种强调内在联系、内在意义终极统一的世界观，并对还原主义等思想予以驳斥。"

此外，他还将整体主义世界观总结为以下四个特征：

（1）这种思想寻求将生活中一些个人化的、内在层面的、主观方面的因素与一些切实存在的客观成就整合起来。

（2）不但将地球视作是神圣的，并且也将生活于地球上的人类等所有生命视作是神圣的。

（3）在实质意义上，人类是一种难以被全面理解的灵性的生物。

（4）整体主义世界观持一种全球观点，赞美所有文化中不同的人。

安桂清老师认为整体主义有三个特征：整体主义是一种关系思维；整体主义是一种转化思维；整体主义是一种灵性思维。

整体主义认为一切事物都存在于关系中，存在于相互关联和意义的背景中，任何变化或事件都会引起整个模式的重新排列，尽管可能非常微小。从斯马茨的观点来看，"整体大于部分之和"意味着整体是由一种关系模式构成的，这些关系并不包含于部分中但最终却界定着它们。整体主义与还原主义的方法截然相反，还原主义认为分析、解剖和严格的界定是理解现实的工具，而整体主义则认为任何现象都不可能在隔离中得到充分理解，还原主义只能给我们一种它所解析的事物的片面观点。整体主义很难精确地加以详述，整体主义不是一种意识形态，而是一种灵性的寻求。

整体主义强调既看到部分对整体的作用，又强调整体对部分的观照。从部分来认识整体，然后再从整体来进一步认识部分，达到具性与道观的互相渗透与互相融合。

（三）整体主义理论与本研究之间的内在关联分析

整体主义理论为单元教学策略提供了方法论基础。

整体主义的核心是"整体、联结、平衡、灵性"。它注重个体的生理、心理、思想情感等方面的协调发展，其最终目标在于促进个体的整体发展。

1. 尊重整体的学生，单元教学策略以学生为出发点

教学首先是人为和为人的特殊活动，应对整体的学生表示尊重。在学习过程中，学生占据着主体位置，这就意味着教师应对学生的生命整体性表示尊重，提倡"多育"并举，为学生生理、心理、思想情感等方面的综合发展起到一定的推动作用，以培养整体的人为教学的终极目的。单元教学无论是设计还是教学活动的开展，都必须以学生为出发点，为学生而设计，以生为本开展单元教学活动。

2. 对单元教学策略的各个部分进行细致的具体探察，即"具观"

通过对各个部分进行研究进而形成对整体的认知，整体由局部构成，要想更加深入地理解教学策略整体，就应对各部分内容进行研究。

3. 重视对单元教学策略整体的"通观"

单元教学策略作为整体，既要重视对各部分的内在关系的研究，也应从整体的角度对各部分在教学中的地位、相互关系进行探究、讨论。局部与整体之间存在从属关系，应置于教学的整体框架中对局部进行研究，进而对各部分形成深刻理解。

4. 整体主义理论注重"具观"与"通观"的相互关系

单元教学策略与各部分之间互相依赖、互相影响，忽略"整体"而去研究"局部"就缺乏基础，将"局部"与"整体"割裂开来，就会变得虚无。因此，将"具观"与"通观"有机结合起来，在对教学策略各部分内容进行具体研究同时，也应对教学策略形成整体把握，这是认识和探究教学策略的正确路径，二者不可分割。

二、生成论教学哲学理论

（一）生成论教学哲学的要点分析

生成论教学哲学认为教学本身和人的存在与发展是一个不断发生、生长、演化的过程。它坚持以关系思维和生成思维为核心的思维方式，探讨和追求教学生成，进而促进人类文化生成。它倡导在教学本身和人类认知理解的过程中生成、过程、发生、进化等一系列观念和意识，以追求教学形式的迁移和人与文化的双重建构、互动、共同成长为根本目的[①]。这种哲学思想由以下基本论域构成。

1. 教学本体论

以教学的存在为切入点，将教学视作一种不依赖于个体的主观思想而具备自身运行、发展、消失过程及机制等属性的客观存在，尝试在原有的意义上把握最本质的、常见的自然道理，从而能够趋近、占有教学存在的普遍规定的一种观点和理论，即为教学本体论。萨特曾表示："对于价值的来源以及本质特点，本体论中都做出了阐释。"杨四耕则指出，"教学本体论是指对教学本体进行逻辑论证。对于本质特点而言，教学本体是指所有与教师在课堂教学中参加的各种活动的客观依据；对于价值来源而言，教学本体是指它是课堂教学活动的意义来源，意义来源是教学活动产生价值、效应的基础"。

对于不同类型的教学事件，可以统称为教学本体。将本体论作为理论依据对教学现象进行研究，则是将教学存在作为研究客体。教学存在是指人类有史以来出现的各种教学现象，以及人脑中与现有经验等相关的教学意识，还包含了在此基础上演变出的客观存在的教学理论。值得

---

① 张广君．生成论教学哲学论纲：架构与特征［J］．当代教育与文化，2011，3（4）：28 – 33.

一提的是，其中的教学现象既可以是历史中发生的，也可以是当前正在进行的，或者是未来可能发生的现象。教学存在是将内在逻辑因素、个体内在心理因素、历史因素有机结合的产物。

2. 教学价值论

生成论教学哲学之教学价值论持人文化成观，指出教学是一种人为的和为人的存在，这也决定着它与生俱来地具备目的论承诺，能促成个体的文化形成。该理论持有以下观点：因教学具备一定的人为性，可以促进人与文化的双重建构，亦即加速人的文化生成。它所倡导的是一种新的发展观，一种更具整体性和超越性的辩证概念。具体而言，教学的宗旨在于改善个体、人类的生活，进而促进个体以及文化的发展，换言之，使个体与文化有机结合起来。因此，促进人文同化就是教学本体存在的目的论条件，也就是教学本体存在的现在的目的论承诺。与此承诺的同时，教学也就自然而然地承领了相应的基本职能，亦即促进人与文化的双重建构。

3. 教学认识论

关于怎样对教学中存在的问题建立认知的各种观点和理论即为教学认识论，该理论旨在对教学认知的形成、变化、结果及应用转化进行研究，探讨如何认识教学问题，怎样审视并应用教学认识的结果。换言之，该理论旨在对怎样认识教学中存在的问题进行研究，注重基于时间辩证法对传统哲学的先进思想进行有选择性的继承，整合成生成思维论等多方面观念。该理论不但要对世界进行阐释，并且还要进行改造，从而将个体的主观意识与客观存在、主观认知与行为实践、主观思想观念与切实行为有机结合起来，从行动中形成感知，感知后采取行动，将二者结合起来进行教学认识。张广君指出，它"改善各种相关关系，尤其是教授与学习、人类与文化，他人与自己的关系不断形成发展、提升、进化"。该理论从教学中出现的各种事物及各种因素的关系的形成转变与提升中，从关系的整体形成与联动中，对教学存在形成整体把握与理解。

（二）生成论教学哲学与本研究之间的内在关联分析

生成论教学哲学提出了"事物并不存在预定本质，而是逐步生成的"这种核心思想，在理论以及实践层面上为本文研究提供了有力支持。作为人的特殊实践活动，教学是一个不断发生并发展的变化过程。在教学中，人的身心、情感、意志和思维等方面都处于动态生成之中。生成论教学哲学中本体论的研究方法、教学存在的演化观点及其演化机制的研究为单元教学策略研究提供了基本的研究立场和方法论。对单元教学及其策略的本体进行宏观把握，这给本研究提供了研究的视角。生成论教学哲学中价值论强调，珍视人的尊严、权利、自由和价值。具体而言，教学的宗旨在于改善个体、人类的生活，进而促进个体以及文化的发展。从这个角度来看，单元教学的基本职能在于促进人与文化的双重建构。

三、弗赖登塔尔的数学教育理论

弗赖登塔尔自1930年获取博士学位以后，先后担任荷兰皇家科学院院士、荷兰数学教育研究所所长，长达几十年的职业生涯里，他一直聚焦数学教育研究。他发表了几百篇（部）与数学教育相关的著述，其中《播种和除草》等4本作品使用多种文字出版，在全球范围内带来了极大的影响。弗赖登塔尔关于数学教育的核心思想主要可以归纳为三方面：数学化、数学现实、有指导的再创造。

（一）数学化

弗赖登塔尔指出，人类通过使用数学的方法对客观世界进行观察，对各类具体的现象进行研究并进行整合组织的过程即为数学化。简而言之，通过数学方法的使用对客观世界进行组织的过程即为数学化。他认为，本质上，对数学、公理系统、形式体系的学习是指对"数学化""公理化""形式化"的学习。

进一步说，社会实践中的数学化可以划分成横向、纵向数学化两个层次。二者分别是指由现实到数学问题、由"生活"到"符号"的转变；由具体问题到模糊概念、由"符号"到"概念"的转变。

（二）数学现实

弗赖登塔尔主张，数学源自、存在并应用于现实，并且学生的"数学现实"存在一定差异。数学教师的职责在于为学生建立数学现实，并实现进一步发展。因此，教师应结合学生的生活经验、数学实际，利用学生的认知特点进行教学，应按照以下要点使用"数学现实"开展教学活动。

（1）数学教学内容源自客观世界，应将一些最能体现当代生活、社会生活的数学知识、能力作为教学内容。

（2）教学内容不应局限于数学内在联系，还应对与客观世界其他领域的关系进行研究。如此一来，才能使学生在了解多样化的数学内容，建立系统化的数学知识结构的同时，能学以致用。

（3）数学教育应服务于全民，应使不同领域内各层次的个体对于数学的不同水平的需求得到满足。

（三）有指导的再创造

再创造是弗赖登塔尔数学教育理论的核心内容，它是基于数学是人类的一种活动而构建。他反复指出：在数学学习阶段，再创造是唯一科学的学习方法，教师的职责在于为学生开展再创造起到一定的引导作用并提供有力支持，而非向学生灌输现成知识。应在个体身上再次展现数学的发展过程，而非单一地重复。对数学的发展过程进行分析，这是与个体的认知特点相符的。但在实践中，往往会先给出结果，再由结果来推导其他东西，在教材编排的过程中，存在颠倒思维的问题。弗赖登塔尔将这种问题命名为"教学法的颠倒"，这一问题的存在遮蔽了数学的创造过程，如果未能进行再创造，难以切实理解数学，其应用更是无从谈起。

（四）三个核心思想之间的关系

弗赖登塔尔数学教育观的核心思想——数学化、数学现实、有指导的再创造，三者之间是互相依存、互相联系的，而非互相割裂的。在数学教学中，"数学化"是核心组织方式，主要由教师借助于历史、学生的数学现实对教学内容进行"再创造"，使之适合学生进行"数学化"。简而言之，教师应结合主观经验对教学内容进行分析，在此基础上结合学生的现有生活经验、学习情况进行"再创造"，通过合适的问题情境的设置，为学生在情境中进行探究活动，经历完整的"数学化"过程起到一定的引导作用。

（五）弗赖登塔尔数学教育理论与本研究之间的内在关联分析

1. 数学单元教学要进行"再创造"学习活动

数学单元教学应将学生的"再创造"活动、学生的数学活动经验作为关注焦点。学生应积极主动地将现有知识经验与将要学习的数学知识联系起来，才能理解数学知识，并有新收获。在数学教学中，"再创造"的关键在于使学生亲历数学的再发现、再创造的过程，即结合当前的生活经验、新问题，产生结合现有知识解决问题的需求，从而形成新知识。数学教师的教学工作的关键在于将主体交还给学生，注重学生的感悟与认知，突显学生的主体性，使学生在数学学习中能够化被动为主动。在单元教学实践中，教师应安排学生在学习活动中积极进行"再创造"，尽可能地激发学生的能动性，使学生在当前基础上，发现并建立新的知识。

2. 数学单元教学要围绕"数学化"组织内容

对数学的学习，也是对数学化的学习，数学领域中的一些知识，如公式等无一不是数学化的产物。数学化可以分为横向、纵向两种，分别是指对生活事件的提炼与概括、对数学内部的提炼与升华过程。学生要想在多个层面上实现对数学的构建，建立结构化的知识体系，就应坚持进行抽象、组织、提升。单元教学与对单元学习内容的组织、学习活动的进行有关，对于单元内容的组织，应对知识内容所蕴含的数学本质以及核心进行进一步挖掘，对数学结论形成所经历的横向、纵向数学化过程进行研究，并从不同角度发现数学化的核心节点，在此基础上对知识内容进行高效组织，以便学生从多个维度理解数学并建立系统化的知识结构，实现数学化的目标。其中，横向、纵向数学化的组织分别是指发现数学与生活的内在关系，在生活中的现实问题与数学知识之间建立联系；对数学内容进行总结，实现深入发展。在教学中，为方便学生对所学知识形成深刻理解，积累对知识积极运用的经验，切实提高学生的数学素质，教师应按照促进数学化的思想来组织内容。

3. 数学单元教学要依据"数学化"展开指导

数学化的学习过程是指学生亲身体验由"再发现"向"再创造"转变的过程。在以学生为主体的单元教学中，教师应为学生提供有力指导，使学生可以结合教师设置的问题情境进行积极学习，实现数学内容与思维的数学化过程。这种指导的关键在于将推动学生实现"数学化"作为核心。其中，横向数学化、纵向数学化指导分别是指帮助学生在现实生活与数学知识之间建立联系，使学生能结合数学学习需求，选择相应的生活情境，实现对现实问题的数学化转变，将现实生活中存在的客观问题转变成数学问题；帮助学生在数学内部解决数学问题，这一过程与新概念的认知、新方法的掌握等相关，这一过程的关键在于在数学内部进行推导、运算。在数学化指导阶段，教师可以采用学生之间进行探讨、教师与学生进行交流的方式帮助学生对问题形成深刻理解，明确需要解决的问题，找到解决方法，并通过实践来检验结论。

第二节 核心概念

一、单元

按照词典的释义，"单"是一的意思，之后也被延伸为"单一、独立"的含义。"元"，起始的含义，之后也被延伸为"开端、起源"，以及"基本、基本构成因素"。而"单元"一词始于现代社会，《汉语大词典》中做出如下解释："相对独立自成体系的单位。"

叶树荣从教学内容、教学活动、教学对象三个视角对"单元"做出以下阐释："学科课程中较为独立的部分；以特定目标为切入点，经过各种有序、有规划的活动最终回归单元目标评价反馈、规正补救的完整过程；是认知活动中的一个小周期，是学习并实现目标的一个阶梯。"

季苹立足于学科课程的视角来阐释"单元"，具体结合教学三维目标、单元的长短、单元是否连续的角度分别对"单元"做出以下界定："实现教学目标的较为完整的过程，是教学阶段的质的基本单位""对教师教学以及教书的驾驭能力进行考察的基本单位""课程逐步深入或设计的基本单位"。

笔者认为，应从教材的组织角度对"单元"做出以下界定：依照某种共性，把知识经验组合起来形成学科的最小教学阶段，它们之间存在一定联系的同时，又自成系统的独立单位。

二、单元教学

目前，关于"单元教学"的含义说法不一，学者们还在不断探索，现将一些核心思想、认知总结如下。

（1）教学制度说。《辞海》中对单元教学做出以下界定，即按照单元题目对各种知识进行组织、教学的一种制度，也被命名为"综合教学"。

（2）教学阶段说。张志公、张定远对单元教学做出以下界定："构成教学阶段的基本单位""尽管这个阶段极小，但有着独特目标和任务"。

（3）组织形式说。对于单元教学，钱任初称它是一种能汲取各种教学方法的优点的教学组织形式，而非一种特定的教学方法。

（4）教学思想说。王智平认为单元教学是一种教学理念，并非特定的教学方法，因此其教学方式并不是一成不变的。

（5）教学体系说。程荣华指出单元教学是一种完整的科学的教学体系。

（6）教学方法说。对于单元教学，《教学法词典》中做出以下界定："结合学生学习实况、知识的结构，在对教学内容进行编排时，将教材内容划分成多个单元，按照单元来编排教学内容的教学方法。"《教育大词典》（一卷）中针对单元教学做出以下定义："将教材等分成单元开展教学活动的一种方法。"

（7）教学模式说。吴克求认为单元教学是一种"模式"，它包含教学方法、原则、阶段等含义，并且还能反映教学结构、程序等核心内容。

（8）教学原则说。李德雄指出，在实质意义上，单元教学是语文科目的基本原则之一。

"单元教学"旨在对教师怎样依照已编排好的单元开展教学活动进

行研究。在生成论理论的指导下，本研究认为单元教学设计和单元教学活动都应该呈现动态生成，它们都会随着学生的变化而变化，而不是一成不变的，根据单元教学实施过程中的变化，不断地调整，所以始终处于动态生成之中。

因此，笔者把"单元教学"定义为：以促进学生整体发展为目标，对教学内容进行整体设计形成相对独立的教学单元，以单元来组织教学活动，注重教学动态生成的教学样式。

三、高中数学单元教学

高中数学单元教学是结合高中数学的学科特点的单元教学，单元教学的目的是促进学生核心素养的发展，那么高中数学单元教学就应该是以提升学生数学核心素养为根本目的。对于数学学科而言，要突显其单元整体性，则需要突出数学内容的主线。于是，本文将高中数学单元教学定义为：以促进学生整体发展为目标，以提升学生高中数学核心素养、突出高中数学内容的主线为原则，对教学内容进行优化并整体设计以形成独立的单元，以单元来组织教学活动，注重教学动态生成的教学样式。

四、高中数学单元教学整体生成策略

和学新认为，教学策略的目的性极强，其目标在于完成特定的教学任务。教学策略也含有特定的教学理论成分，是对某种教学理论的具体分析，受到特定教学理论的影响与约束。教学策略并不是一成不变的，而是要结合教学进度对教学方案进行调节，它与教学方式与方法存在一定差异。他对教学策略做出以下界定：为了实现教学目标、完成任务，而基于对教学活动的明确认知，对教学活动进行调控的各种执行过程。

黄高庆等指出，教学策略是关于怎样使教学问题得到有效解决的技术方法的操作准则与流程的知识。

对于教学策略，顾明远指出它是基于特定理论而构建，为实现特定教学目标而确立的教学实施总方案，包含了对各种方法的科学选择等内容。

简而言之，教学策略是在特定理论指导下的，为实现某种目的的方案。

本文提出的整体生成策略，是在整体主义和生成论教学哲学理论的指导下，为了保证高中数学单元教学特定的教学价值的实现而采取的策略，旨在提升高中数学单元教学的效果，更好地发挥高中数学单元教学应有的价值与功能。

所以，本文将高中数学单元教学整体生成策略定义为：以整体思维和生成思维为根本导向，旨在提升高中数学单元教学的效果、更好地发挥高中数学单元教学的价值与功能，而对教学目标、内容、活动和评价等进行整体协同、促进动态生成的设计与实施方案。对于高中数学单元教学整体生成策略的内涵、特征等，将在第三章进一步论述。

第三章
高中数学单元教学的内涵与价值取向

为了构建高中数学单元教学策略，则需要进一步深入地理解高中数学单元教学的本质与内涵，所以本章通过分析高中数学单元教学的内涵、特征、结构与功能及其价值取向，力图从本体的角度去理解高中数学单元教学。

第一节 高中数学单元教学的
内涵与特征

一、高中数学单元教学的内涵

对于"单元"来说,"单"理解为"独立","元"理解为"基本、基本构成因素",则"单元"可以理解为"较为独立或自成体系的单位"。对于"单元教学",则可以理解为教师对教学内容进行编排形成较为独立的单元,以单元来开展教学活动。高中数学单元教学,是结合高中数学学科特点的单元教学,单元教学的目的是促进学生核心素养的发展,那么高中数学单元教学就应该是以提升学生数学核心素养为根本目的。对于数学学科而言,要突显其单元整体性,则需要突出数学内容的主线。于是,本研究将高中数学单元教学表述为:以促进学生整体发展为目标,以提升学生数学核心素养、突出数学内容的主线为原则,对教学内容进行优化并整体设计以形成独立的单元,以单元来组织教学活动,注重教学动态生成的教学样式。下面对这一表述的内涵进行分解。

第一,高中数学单元教学以促进学生整体发展为目标。整体主义理论的核心是"整体、联结、平衡、灵性"。它注重个体在生理、心理等方面的和谐发展,并以培养整体发展的人为最终目标。生成论教学哲学指出，教学应以教学本身的关联性、系统性、协调性为基础与重心，它存在于教学的理念与行动、原因与结果中等。总的来说，应注重学生在发展中的整体的观点，教学关系中的和谐的观点。高中数学单元教学的目的就是要充分发挥单元整体的价值，教师应具备全局观，将教学的各个方面置于整体、全局中考虑，使教学以促进学生身心、情感、意志、思维与能力等的全面、和谐发展为目标，从而促进学生整体发展。

第二，高中数学单元教学以数学内容的主线进行整体优化为手段。高中数学单元教学要体现数学的整体性，要解决数学知识零散的问题，就需要根据数学的主线以及知识间的关联，对内容进行重组和优化，以形成新的教学单元。对于高中数学单元教学，要合理地整体规划每个单元、课时的教学内容。教师只有从整体上把握教学内容，才会避免纠缠于细枝末节。在单元教学下，教师应具备良好的单元备课意识，置于整体框架下对教学内容进行全面思考。单元学习与课时主义下的学习方式存在明显差异，前者是指对存在一定逻辑联系的学习内容、多样化的思想方法进行整合，它更为重视对学生核心素养的培养。而后者则是局限于对零散"知识点"的学习。"整合"视角在信息碎片化的当代社会中的重要性正不断突显出来，一些学者、教职人员将整合作为培养学生核心素养的基础，指出学生有效实现学习转型的核心在于以"整合"为基础进行单元学习。单元设计是指教师以学科素养为目标，以特定的主题为基础开展探究活动进而提升教学质量，而非单一的知识灌输以及技能强化训练。钟启泉明确表示，单元是指将零散的知识模块化地组成一个有机整段，而非将教学内容拆分成多个零散的知识点。所以，高中数学单元应该以数学主线如函数、概率统计、圆锥曲线、数列等进行重新规划，确定主线后再整体优化相应内容从而形成单元。

第三，高中数学单元教学以动态生成为方式。生成论指出，事物是在发展阶段形成的，并不是按照特定的模式对事物的存在或发展做出规定的一种思维方法或观点。生成论驳斥了预成的观点，预成性思维是指对事物的本质以及规律进行设置，并按照这种设置来对事物发展过程建立认知、进行控制的思想方式。在认知方面，在事物之外，运动之先，预成性思维分别对事物的本质、发展规律做出预设，并指出事物的存在与发展就是在实践上反映其本质以及发展规律，具体表现为使用现有的认知来对事物的发展进行干涉、管控，使事物依照预先构想的轨道发展，使其变化趋势符合人的预期。首先，高中数学单元教学设计是随着学生的变化、教学内容的变化以及教学实施过程中的变化，不断地调整，所以始终处于动态生成之中。其次，高中数学单元教学下的课堂教学活动处于动态生成之中。单元下的课堂教学不是简单的知识传授与接收的过程，而是师生共同成长的生命历程，它丰富多彩，生机盎然，洋溢着生命的光华与热情。在师生、学生之间的协作、交流、碰撞的课堂中产生的一些新问题，往往不在教师的预想中，会让教师感到意外。这些问题会因教学环境、学习主体以及方式的改变而改变，其价值也会因教师的处理方式而异，使课堂不断发展变化，为课堂教学注入新的活力，使课堂气氛变得更加活跃。

二、高中数学单元教学的特征

1. 整体性

在单元的统摄下，从宏观上把握教学任务和要求，统筹规划单元中各小节的教学任务，并以此制订整体实施方案。单元教学将教学活动中的每一环节纳入整个单元教学规划来考虑，这种整体性有助于优化学生的认知结构，使学生对知识的掌握更加系统和深入。高中数学单元教学的整体性集中体现在知识内容、教学安排、对学生的认知把握、各部分之间的联系四个方面。

（1）在知识内容方面，通过将零散的数学知识进行整合，数学单元教学设计能帮助学生对知识内容形成整体把握，使知识结构更加系统化。

（2）在教学安排方面，则要求以整体目标为切入点，统观全局，在大框架下考虑教学活动的所有步骤和流程，进行整体教学安排。

（3）在对学生的认知把握方面，鉴于数学单元内容往往包含多个学习阶段，而学生所处的学习阶段不同，其认知能力也存在显著差异，因此，教师应对学生的认知特点形成整体把握，在此基础上合理地进行数学单元教学设计。

（4）在各部分之间的联系方面，则要求在注重整体的同时，也应注重各部分教学内容之间的内在逻辑关系。因高中数学单元教学设计包含的内容较为错综复杂，在进行单元教学设计时，应强化各单元、各课时之间的内在逻辑关系。事实上，这也是整体性的表现。

2. 生成性

关于生成论教学哲学，张广君提出以下核心观点："事物是在发展变化中形成的，而不具备预成的特点"。教学作为人的特殊实践活动，是不断发生、演化的动态过程。在教学中，人的身心、情感、意志和思维等方面都处于动态生成之中。"已成"或"现成"的概念与"生成"的概念相对应而存在。后者更为注重事物的演变过程，而非事物的原本状态。一方面，单元教学设计并不是一个一气呵成的过程，教师在完成设计以后，并不代表着教师就可以高枕无忧了。它是一个结合学生的学习情况不断改善的过程，这一过程具备动态生成性的特点。这一特点集中体现在教学设计的实施过程、教学设计实施以后两个阶段。

（1）对于第一阶段，传统的教学设计方法时间过于紧凑，在这种情况下，教师难以调整教学方案，因此易于导致教师的教学设计方案存在较为单一、不够灵活的问题，而单元教学设计能够改善这一缺陷，使教师能够灵活地调整教学进度。教师可结合当前教学中存在的问题来改善教学方案。

（2）对于第二阶段，在完成设计以后，要求教师对当前设计进行复盘，但这并不意味着进行复盘以后就摒弃当前的设计，而是在教研团队内部进行探讨后加以改善。改善后的设计不但可用于教师下一轮的教学实践中，也可以为下一届教师进行教学设计提供参照依据，使教学设计不断得到改善。

另一方面，对单元教学活动而言，生成是指教师与学生的课堂教学活动与之前的思路、教案设置的流程存在一定偏差，教师应结合课堂的实际情况，对教学步骤、方法等进行调整，进而使教学活动处于一个动态生成的状态。

按照生成论哲学理论，世界中的万事万物都是动态发展的，而非固定不变的，它是各种变化过程的有机结合。世间万物都在时刻变化，不存在固定的样式。只有以动态发展的眼光来看待事物，对其事物存在的过程性属性建立认知，才能以动态发展的眼光来思考问题；只有采用这种方式思考问题，才能使世间万物实现切实发展。在单元教学的实施过程中，会出现各种打破预期的情况，在这种情况下，可按照教学中的具体情形来进行处理，不应将预设的情况视作是必定要实现的东西，应倡导教师与学生的教学生成。

3. 生本性

整体主义认为，我们要把每一个学习者看作独一无二的和无价之宝。作为单元教学的切入点，生本性是指以学生为本。在单元教学中，生本性集中反映在以下方面。

（1）结合学生的认知特点来帮助学生建立系统性的知识结构。这种教学设计方式重视对单元内知识点的内在关系的挖掘从而建立系统的知识体系，借助对教学内容的重新编排，生成以核心知识（由基本概念及内容所反映的基本思想）为联结点的知识网络，有利于教学内容的结构化。在实践中，高中数学单元教学重视各单元教学内容的结构，力求主次分明，逐渐深入，与学生的认知特点相符。

（2）与学生的发展特点相符，将"四基""四能"的学生培养目标落到实处。高中数学单元教学注重单元内不同知识点的逻辑关系，进而对知识体系的构建起到一定的推动作用；借助对教学内容的重新编排，以特定主题思想为基础，构建单元网络，进而使教学内容形成系统化的结构。在教学内容的设计阶段，应重视知识的层次性，逐步深入，使之与学生的认知特点相符。《普通高中数学课程标准（2017 年版）》中指出，应将"四基""四能""六素养"作为课程目标。在教学实践中，教师易于通过高效的课堂教学活动来达成学生掌握基础知识与技能的目标，但是核心素养这一目标较为抽象，并且核心素养的培养离不开漫长的知识积淀以及思想浸染，因此不少教师表示实践中难以将这一目标落到实处。通过对教学内容进行重新编排，结合学生的学习情况设置合适的教学情境，使用多元化的教学方法等途径，单元教学设计能够有效弥补传统教学设计方法的缺陷，单元教学的整个过程都在促进着学生核心素养的提升。

（3）高中数学单元教学的功能在于促进人的文化生成。生成论教学哲学认为，教学作为一种人为的和为人的存在，其基本职能在于促进人与文化的双重建构，亦即加速人的文化生成。教学首先是人为和为人的特殊活动，要尊重学生的生命整体性，推崇"多育"并举，为学生生理、心理等方面的综合、协调发展起到积极的推动作用，以培养整体的人为教学的终极目的。单元教学无论是设计还是教学活动的开展，都是以学生为出发点，为学生而设计，以生为本开展单元教学活动。

4. 重构性

重构性同样也是单元教学的重要特征之一。弗赖登塔尔关于数学教育的核心思想主要归纳为三方面：数学化、数学现实、有指导的再创造。再创造是费赖登塔尔数学教育理论的核心内容，它基于数学是人类的一种活动而构建。教师应依据单元内部和单元与单元之间的关联，分析教学内容并对其进行重构，即对数学单元教学进行整体设计，这样能最大限度地发挥教师的主观能动性，让其在原有的基础上发现和构建新的数学知识和文化。单元设计阶段，它要求教师结合个人能力、知识水平，按照课程标准的规定，结合学生的认知能力来重新调整教材内容，进行科学的重构。这是一个充满创意的过程，反映了教师对于教学内容所形成的独到见解。另外，教师会选用合适的教学方法，按照灵活机动的课时规划进行单元设计，从而为富有创新意识地对教学单元进行思考、探索起到一定的促进作用。

5. 合作性

数学单元教学相比课时教学而言，任务量多，对教师的素养要求更高，因此教师在进行数学单元教学设计时往往能力不足，时间也紧张，独立地完成单元教学设计是一项极具挑战性的工作。因此，在单元教学中，往往会以教研组或教学团队为单位进行设计，并且在必要时会邀约专家学者积极参与，借助团队协作的方式来完成设计。如此一来，就能改善传统教学设计中因教师之间沟通不足而产生的教学设计不够全面的缺陷。因此，其教学设计具备团队合作性的特点，这一特点主要体现在教学设计的前期准备、实施、评价修改三个阶段。

（1）在前期准备阶段，教师们密切配合、博采众长，对单元进行具体划分，对教学内容进行重新编排，捋清教学内容的主要脉络，明确教学目标以及各阶段的教学计划，进而生成初步方案。

（2）在实施阶段，因单元教学的初步方案是采用团队协作的方式完成设计的，因此不同教师对方案中不同教学流程的熟悉程度也存在一定差异。如果教师在执行该教学方案时，发现最初的教学与学生的学习实情存在一定冲突，需要通过教师之间的共同探讨来合理优化教学方案。

（3）在评价修改阶段，通过对学生的学习结果进行评估，教师们对本次教学方案中的漏洞进行查找，汲取经验，在此基础上对教学方案进行改善。

第二节　高中数学单元教学的
结构与功能

关于生成论教学哲学，张广君指出，"教学首先表现为一种关系概念，其次表现为一种活动概念，最后才表现为一种实体概念"。高中数学单元教学实体之间的关系体现为共在的交往或互动过程中形成的主体（师生）—客体（单元课程与教学手段）—主体（师生）的立体结构；高中数学单元教学活动之间的关系则反映在教授、学习、调节控制等行为的互相依赖与影响、互相转变的过程中建立的一体化结构。二者互相交错，将三重建构的核心功能发挥出来。

一、高中数学单元教学的结构

本体论（Ontology），是探究世界的本原或基质的哲学理论，它指一切切实存在的需要借助认识论而得以认知的最终本性。因此，本体论旨在对一切实体进行研究。教学论理论存在多个分支，而教学本体论就是分支之一，该理论旨在对教学本体存在进行研究，即以教学的存在为切入点，将教学视作一种不以人的意志为转移的客观存在，它具有固有的发生、演化等内在属性，尝试从本然的意义来把握教学最普遍的、原始的内在道理，以期见微知著，明确事物的由来，揭示事物的本质，洞察事物的发展变化。本文将以教学本体论为理论依据，对高中数学单元教学中的结构、要素进行分析。

（一）实体结构

在单元教学中，主要包含两种实体要素，即主体以及客体要素，前者是指教师和学生两个主体，后者是指教学课程和教学方法两种客体。

本质上，教师与学生之间是主体与主体的关系，是一种交往关系。首先，教师是教学活动的主体，是教的主体。教师不仅整体设计高中数学单元教学，还全程直接参与教学活动，借助自身活动来按照教学方案执行，实现教学的系统性与教学目标。不论是教学的前期设计、实施，还是组织教学等，教师都扮演着一个主角的角色或一个导演的角色（学生是演员）。同时，教师又是具有受动性的客体，是发展变化中的主体。在单元教学中，教师根据有关理论及其经验积累，设计出高中数学单元教学的方案。在教学活动开展过程中，教师会不断地受到教学内部学生和教学外部社会要求的作用，并且在教学活动过程中不断地做出反应和调节，从而不断地修订和优化高中数学单元教学设计的方案，不断地成熟。其次，在高中数学单元教学中，学生是教学目标的主体，是教学运行结果的反映者、承受者。学生具有可教性，同时也具有自我探索、动态发展、日益完善的潜能。教师在进行单元教学的过程中，只有切实相信学生的主体地位，才能在教学中使学生切实成为主体，进而切实激发学生的潜能，通过为学生提供必备的支持来帮助学生实现这种潜能，成就学生的目的主体地位。同时，学生是教学活动的主体，是学的主体。在教师实施教学方案的过程中，学生是直接的参与者，并且有望参与方案的设计。

单元课程是生成性的客体。单元课程是教师主体实现教学目的的载体。单元课程是生成性的，这也赋予了其时代性，应结合社会发展需求、教育对象的自身学习水平进行教学，体现社会文化和人的发展的时代性和历史性。但是单元课程不是固化的，而是需要经过教学方案的设计，与学习者的意义建构有机结合以后，才能在教学实践中落实到位。教学内容的内在生成源自按照一定目标、学生的发展规律对教学内容进行形式以及意义建构。

教学手段是中介性的客体。高中数学单元教学系统的运行，所有教学活动、教学流程都是依托教学手段而展开的。不论是教学主体还是教学客体，其现实存在都对必备的手段存在一定的依赖性，可视为高中数学单元教学系统的纽带，是单元教学得以实现的中介。

从关系的角度来看，师生主体集中体现在师生个体及小组等多样化的教学主体。这些主体之间建立了主体际关系，并与教学课程和方法建立了主客体关系。这就意味着，多样化的主体之间将教学内容与手段作为客体，采用多样化的方式建立联系、互相影响、互相交流并理解，形成高中数学单元教学的主体—客体—主体的实体结构，反映的是内含客体的主体际关系。这些交往方式可以衍生出多样化的交往组合形态、性质以及形态各不相同的关系网络。这种关系网络主要由教师与学生的关系、教师与教师之间的关系共同构成，且具有多样化、立体化的特点，可以在多个学校、年级，在多样化的授课内容、教师风格的课程上形成多样化的交往方式，建立较为稳定的交往模式。随着较为稳定的交往方式的不断建立与延伸、错综复杂的交往形态的建立与不断变化，单元教学表现为一种动态生成的过程，在稳定不变的同时，又具备一定的连贯性，在教学活动的进行与动态生成中，单元教学的实体结构也在不断更新、不断完善。

（二）活动结构

作为一种特殊的社会活动，教学将人才培育作为终极目标。高中数学单元教学的活动要素包括师生单元教学共同体、单元教授活动、单元学习活动、单元师生教学调控活动。

师生单元教学共同体，是指师生以单元内容为依据，围绕单元目标的相互协同作用。这种协同作用的实现是通过教师的教和学生的学相向运动耦合而成，并以教学活动共同体的形式存在。

单元教授活动，是指教师从单元教学目标出发，以促进学生的学习活动为直接目的，主要通过教学内容这一中介而对学生实施的能动作用。单元教授活动的核心任务是"教"学生"学""单元内容"。

单元学习活动，是指学生从单元目标出发，以加速自身发展为直接目的，主要通过单元教学内容并借助教师的教授活动而实施的促进自身发展的能动作用。具体来说，学生既学单元内容，也学教师及其所教，同时也向自身及学习活动学习，由此形成学的整体性。

单元师生教学调控活动，主要是指单元教学中，师生为保证教学活动在其目的方向上的有效性而进行的检测、调节、控制、评价活动。这个活动的存在是为了保证教学目的的有效实现，是属于支持性活动。

在教学对成观的影响下，生成论教学哲学指出在本体上，教与学是一个相对应而存在、相辅相成的有机整体。高中数学单元教学的发生、进行与变化都与教与学的对应存在密不可分，否则将使教学的形态发生扭曲而使高中数学单元教学发生异化。教，学，教学，调控支撑并构成了单元教学活动的整体。

二、高中数学单元教学的功能

生成论教学哲学认为教学的基本职能在于促进人的文化生成。高中数学单元教学主体—客体—主体的立体结构决定其主要功能是加速人的文化生成，促进学生的全面发展。共在的多极共同主体之间，共同主体和客体在一体化的单元教学中相互联系、相互作用，实现实体结构和活动结构的有机整合，形成融合在具体活动中的高中数学单元教学立体结构。在实质意义上，作为一种人与人之间的交流实践，多极主体间的交往在实现个体与课程的交流、自我对话中搭建了一座桥梁。多级主体间的交互可通过这种交流作用最终融入立体的交流网络之中，这种交流网络主要体现在三个方面，即自我对话方面、人与社会的广泛交流方面、人与工具的交流方面，它不但能使学生具备良好的文化基础，而且能使其提升自身在社会参与方面的核心素质，最终成为全面发展的人。

第三节　高中数学单元教学的价值取向

本节分别从"学生""课程"和"教师"的视角来论述高中数学单元教学的价值取向。

一、学生的视角：助力学生素养的发展

反映在某种具体学科上的核心素养即为学科核心素养，是学生在完成一门学科的学习以后所形成的具备学科特征的核心能力以及品格。它集中反映了学校的人才培育价值，是学生在不同学科的学习中渐渐形成的优秀品质以及将学习贯穿于人生的各个阶段的能力。作为师生都不可或缺的素养，学科教育在学科核心素养中起到了重要作用。过去，教师在教学工作易于将课堂教学中涉及的知识点的练习与使用作为关注焦点，过度关注知识点的学习，对学科的实质以及作用缺乏应有认知。数学核心素养揭示了数学这门学科的本质，即以学生的发展为导向，与数学学科中涉及的教学内容存在密切联系，包含建立数学模型、数学运算等方面的内容。素质教育具有培育人才的价值，而学科核心素养恰好能反映这种价值，它是学习主体在学习特定学科内容的过程中所逐步形成的一些优良品质以及能力。具体到数学学科上，这种素养蕴含了人类的文明

发展成果，体现了数学这门学科的本质特征，是在对数学这门学科的深入学习与实践应用中渐渐形成的一种素养，并且随着学习与实践的持续，将得到进一步发展。这种素养主要包含建立数学模型等六个方面。不同方面的素养之间存在紧密联系，并且互相影响，为学生领悟数学本质起到了良好的促进作用。

在高考的影响下，我国数学教育存在长期的"唯分数"论的倾向，教师在数学教学中以提升学生高考成绩为导向，将教学内容拆分成零散的知识点，强行向学生灌输，使学生通过机械式记忆掌握知识，再采用"题海战术"来迎战高考。尽管这种方式能提升学生的成绩，但会对学生"四基"的获取、"四能"的强化带来负面影响，在学生进行数学学习时，会对其学科核心素养的形成带来负面影响，甚至导致学生对这门学科无法产生浓厚的兴趣，难以提升学生对这门学科的学习信心，不利于学生良好学习习惯的形成以及自学能力的提升；不利于实现使学生形成大胆质疑、严谨务实、勤于思考的科学精神和提升学生创新以及实践能力的教学目标；也无法使学生对数学这门学科的文化等多种价值建立深刻认知。《普通高中数学课程标准（2017年版）》在"实施建议"中明确表示，高中数学教师在开展课堂教学活动时，应以学生数学学科核心素养的培养为目标，把握函数等内容的核心脉络，明确该素养在教学体系中体现出的连贯性、持续性，为学生对课程内容形成整体把握起到良好的引导作用，使学生切实提高数学核心素养。因此，注重对数学课程教学整体性的认知，注重以具备这种特点的数学单元教学为方式，以知识的内在逻辑关系为切入点进行单元教学设计并将教学方案落到实处，才能使教师通过数学教学来实现培养学生数学核心素养的目标。

课堂是核心素养培养的核心阵地，培养的关键在于课堂教学的转型，而开展单元教学是实现课堂教学转型的重要方式。通过数学单元教学的设计与实施，由讲授教材内容到追求课程的高度，包括目标、评价、活动、开发、结果等，由单纯教书到实现育人的需要，由零散走向关联，由以往的"只见树木不见森林"、零碎不成体系的零散教学走向心中装有森林、眼中有树木的整体建构和系统教学。由浅表走向深入，由低阶思维走向高阶思维，实现数学单元教学助力学生数学核心素养的发展。

二、课程的视角：促进课程理念整体化

当前，许多教师的教学设计都具有碎片化的特点，这种特点既表现在备课时间方面，又体现在备课内容方面。教师通常以课时为焦点进行设计，并未对知识点之间的内在逻辑联系进行全面考虑，没有置于整个高中阶段的结构对各内容的意义与地位建立充分认识，进而出现教学内容整体性不足的情况。而教师设计的教学内容存在整体性不足、知识点前后的联系性不强等问题，则导致学生在学习新知识时往往要投入大量的时间回顾已学知识才能建立联系等众多异常现象。教师需要额外抽出时间来纠正偏差，补齐短板，不但导致学生无法利用有限的课堂时间掌握更多的教学内容，并且也给学生建立系统化的知识结构带来了负面影响，导致学生学习热情大幅受挫。而这些现象的根源在于教师在进行单元教学设计时存在课程整体理念缺失的问题。

各国学者将整体理念作为切入点对单元教学进行了大量研究。例如通过将系统观作为研究的切入点，加里·D. 鲍里奇对单元与课时的关系进行了研究，他指出整体的功能远远超出各部分的功能之和，这也是系统的力量所在，通过明确各课时的共同作用，为知识的积累、技能的掌握等起到了一定的促进作用，形成更加复杂的结果。在教学实践中，单元的所有构成部分之间的联系是无法直观呈现的，但也起到了关键作用，正是这种联系使得单元的教学效果远远超出各课时教学效果的总和。皮

连生预测，后续的教学会从综合发展的角度进行设计，而不是局限于将特定学科中的特定知识点的学习作为关注焦点，也不局限于将认知过程作为关注焦点。在高中数学单元教学中，教师应将数学教学视作一个由各种要素互相联系建立而成的有机整体，形成对数学教学的整体把握。教师只有将高中数学视作一个有机整体，使学生通过数学学习来形成全面的认知，获得全面的感悟，才能切实把握其整体结构。教师要想把握数学学科的本质，使教师的教授过程、学生的学习过程变得更加轻松，提升其效率，就应充分尊重学生的认知特点、身心发展规律，严格按照数学教学内容的内在联系来组织教学，将其连贯性、整体性等特点反映出来。如此一来，才能使学生切实通过学习，领悟数学的魅力与价值，使学生具备缜密的逻辑思维，并形成严谨务实的科学精神。具体来说，需要从以下四个维度出发，构建高中数学课程整体理念。

1. 教学目标体现课程整体理念

应从"四基""四能"和"六素养"出发进行整体设计，三者是一个有机整体，是密不可分的，存在相得益彰的关系。因此，要求学生结合自身的能力进行全面考虑，力求"从微观层面进行深入分析，从宏观层面形成整体把握"。在高中数学单元教学设计阶段，教师既要确定宏观层面的教学目标，从单元整体的角度设置目标，又要确定微观层面的教学目标，结合单元内各课时的教学内容设置目标，并且应对具体目标进行周全、合理考虑，包括使学生获取必备的基本知识与能力，加强学生的逻辑推理等方面的能力，使学生通过数学学习加强自身的提问能力，并能采用科学的方法分析问题，使问题得到有力解决，激发学生的学习兴趣，使学生对数学的魅力与价值建立应有认知，使学生具备良好的应用以及创新意识等。

2. 教学内容体现课程整体理念

从整体观念的角度对普高阶段的数学课标进行仔细研究，对高中数学的课程结构建立清晰认知，对教材教学内容进行深入研究，对数学课程各单元、各章节的特点及其内在逻辑关系进行进一步研究。尤为重要的是，应高度重视教学单元内部、不同教学单元之间的逻辑关系、前后连接等方面。因此，我们应将教材作为核心内容，辅以各种教学资料，紧扣教学目标，通过对"五大主线"的研究，结合学生的认知能力、学习规律来科学地筛选、组织数学教学内容。

3. 教学程序体现课程整体理念

在课堂教学中，尽管教师会开展多样化的教学活动，会涉及不同的教学流程，但它们都是为了实现教学目标而服务，这就要求教师将各教学环节整合起来，使之成为一个有机整体，在各课时、各单元的教学活动中，将教学程序的整体性体现出来。无论是讲授新知识的课程、回顾所学知识的课程还是习题训练课程，都要对本节课中所学习的新知以及思想方法进行总结，置于高中数学的整体框架下对各单元、各模块的作用进行全面总结，建立系统化的知识结构，在教学程序中体现课程的整体理念。

4. 教学方法体现课程整体理念

高中数学单元教学要求教师结合各单元的教学内容、学生的学情、教师自身的知识结构以及优势，全面利用各种有利条件，在教学设计中对各种教学方法进行高效整合，富有创新意识地、科学地使用这些教学方法，进而使教师所选择的教学方法与数学课程教学内容保持高度一致、匹配，使教师的教学工作切实有效。

三、教师的视角：提升数学教学的高度

1. 知识观的转变

随着"制度课程"的推行，许多教学活动偏离了本质，部分教师甚

至演变为对教材文本内容的僵化传递工具、教材文本内容的消费者。单元教学设计提倡教师富有创新意识地使用教材，提倡教师积极转变角色，以"使用者"的角色逐步取代"消费者"的角色，成为教科书的主体。教师应掌握教材的科学使用方法，针对相同主题下的教学内容，应对其逻辑关系进行深入研究，结合切实需求对各部分的内容进行合理取舍。总之，单元教学要求教师具有对教材进行选择、取舍和重组的能力。肖川指出，人类对教学目标、过程的理解，以及对教学效果的评估是由人类对"知识"的理解决定的，这种理解会对教学方法与行为带来一定影响。

2. 学生观的转变

将学生视作具有一定个性、不断发展变化的个体，尊重学生的个性特点，正确对待学生的差异化发展是当代学生观的核心要点。我们应将对差异的研究作为切入点，使学生在开放、不断变化的学习氛围中学习，使学生具备对课程学习进行自主决策的时间、空间，使学生的天性能得到自由发展。在教学实践中，教师应对不同层次的单元教学目标进行统筹整合、进行实时调节，对多样化的课程资源进行全面整合，采用智慧的教学方法进行整体设计，依托多样化的单元学习活动，为学生创造良好的学习氛围，为学生提供多样化的探究机会，使所有学生都能不断成长、发展。

3. 教学观的转变

教师的教学活动及其在活动中使用的方法、持有的态度是由教师的教学观决定的。单元教学推崇的教学观主要包含以下要点：

（1）教学是教师与学生进行交往、积极交互、和谐发展的过程。

（2）相较于结果，教学更应关注过程。

（3）教学应将个体的综合发展作为关注焦点。

这些在实践中不断发展变化的教学，切实实现了具有动态生成特点的教学目标，形成了教师与学生和谐共处的境界，并使课堂教学取得了切实效果。在这种新型教学观的引导下形成了一种新型的教学方式，即数学单元教学，无论是在教学效果的评估，还是在教材的合理选用等方面，都反映了新课程标准下对当代教学观的践行与应用。教师进行单元教学的过程，也是师生之间进行理解交流的过程，是师生之间对教学内容与价值运行动态生成的过程。我们务必立足于教材的统筹整合、对学习内容的延伸与积极探索、人才培育功能等方面进行整体实施，通过单元教学来实现人才培育的目标。

4. 团队协作全局观的转变

由于高中数学内容较多且抽象程度高，高中数学单元教学对教师的专业能力提出了更高的要求，因此高中数学单元教学的设计与实施是一项充满挑战性的任务。如果教师之间较少进行合作沟通、共同探讨，而只是一味地进行"单打独斗"，那么往往难以取得预期效果。采用团队合作的方式进行数学单元教学则是切实可行的方式，并且能提升效率。例如，可以在教研组内部开展教研活动，提升单元教学设计的效率，教师应采用分工合作的方式来分析教学要素。教师之间可以采用轮流更换角色的方式来承担不同的任务角色，对从教学设计到复盘的整个过程进行深入了解。在教研活动中，明确分工、密切合作、目标驱动都能对教师之间团队合作能力的提升起到一定的促进作用。

第四章

高中数学单元教学整体生成策略的建构

本章在理论分析的基础上，建构高中数学单元教学整体生成策略。具体而言，首先，论述高中数学单元教学整体生成策略的内涵和基本特征；其次，基于前述理论分析，初步建构高中数学单元教学整体生成策略；最后，分析高中数学单元教学整体生成策略的实施条件，包括教学内部条件和教学外部条件。

第一节　高中数学单元教学整体
生成策略的内涵

一、"整体"的内涵

"整体论"（Holism）一词最先出现在哲学家斯马茨 1926 年的著作《整体论与进化》中。他阐释了整体与部分的关系：即使累积了各部分，也决不能达到整体，因为整体远比部分之和大。康德曾说："知识在本质上是一个整体，正确使用人的理性可以指导主体将支离破碎的、不完整的知识统整、上升到更高原则的整体知识。"20 世纪 80 年代，西方逐渐形成了一种新的哲学观念——"整体主义思维方式"。祝刚认为整体主义具有以下四个方面的基本特征：

（1）强调关联、包容、整体和动态平衡。

（2）重视灵性、直觉、想象和自我认识。

（3）突出探究、操作和合作。整体学习的倡导者不仅把知识的理解、情感的体验、自我的认识等看作是学习，而且把知识等的运用看作学习必不可少的重要过程。

（4）寻求学习的内在价值。整体学习理论倡导恢复学习作为修炼的传统，以摆脱学习的异化状态。"整体"反对只是片面地对系统的各个方面进行具体探察，即"具观"，而强调超越部分与个体对系统进行整体的把握和观照，即"通观"以及"具观"与"通观"的融合。所以，"整体"有三层含义。

第一，对系统的通观。整体主义的核心思想在于，基于整体的视界对自然、社会和思维进行研究，强调并宣称"整体不能归结为它的组成部分"。这就是说，对事物全貌的认识不等同于对事物各个部分、局部认识的简单相加。为了真实、准确、全面、客观地把握系统以形成相应的"智识"和"洞见"，就必须超越个体的狭隘视界进行全面把握和"整体观照"，从而达成对系统的整体性认识。

第二，对具体进行细致入微的探察，即"具观"。黑格尔指出，在普遍性里同时复包含有特殊和个体的东西在内。这提示我们，追求和探索对象世界的普遍性或整体性，必须对其具体组成部分的"特殊性"或"个体性"进行深入考察和严密分析。从学理的视角看，要想对事物全貌有系统了解和整体性认识，首先必须对事物的局部、要素或发展的某个环节和阶段进行细致入微的把握和探察。可以说，对"具体"或"特殊"部分进行深入考察和细致分析，是揭露事物整体"图景"的基础和前提。因此，"具观"就成为整体主义思想不可或缺的重要方面。

第三，"通观"与"具观"的和谐统一。"通观"与"具观"是整体主义方法论中紧密关联的两个方面。从历时角度来看，"通观"与"具观"是一个持续推进、循环不止的时间进程。首先，通过"具观"可以为"通观"奠定坚实的基础和厚重的平台，并可能生成对系统的整体认识。其次，这种整体认识可以进一步赋予研究者整体性的思维取向和观照视野，促成更为深入的"具观"研究得以顺利实现，也促使曾被忽略与遮蔽的"具观"研究得以真实启动。再次，在此基础上，新的"具观"研究又使观照整体性视野逐步完善和创新，并促成新的"具观"

研究的全面展开。最后，如此周而复始，不断推进和深化对系统的研究。

如果将高中数学单元教学整体生成策略看作一个系统，那么教学目标、内容、活动和评价等相应的教学策略就构成这个系统中的要素，每个要素在这个系统中处于一定的位置，发挥各自的功能，要素之间相互关联，构成一个不可分割的整体。唯有当教学目标、内容、活动和评价等相应教学策略在单元整体生成策略中体现各自应有的功能、充分发挥各自的作用，且彼此关联时，所形成的单元教学策略结构才能得到优化，并保持系统的平衡，发挥单元教学的效益。

二、"生成"的内涵

就词源上来看，《哲学大辞典》将"生成"视为一种由"生"到"成"即从无到有的过程。"生"是指事物从无到有产生的过程，意为动态的形成过程，"成"则是指变化后的结果，意为最终成果。可以看出，"生成"作为解释事物诞生、消亡，以及事物发生、发展机制的概念，它具有过程性、开放性和创造性的特征。

希腊早期自然哲学家认为，一般所谓存在的事物，事实上都处于不断运动和变化的过程之中，作为运动、变化的结果而存在。如赫拉克利特认为万物是通过相互依存、相互作用、相互统一、相互斗争的转化而生成的；亚里士多德把生成看作"一事物变为另一事物"的一种运动。德国黑格尔认为"生成"是"有"与"无"的统一，有中有无，无中有有，"有"与"无"的相互过渡就是"生成"。古印度最早提出较为系统哲学思想的是《奥义书》。《奥义书》中的金卵论是古印度人在观察自身和周围事物关联、变化和发展的基础上构筑而成的，由此形成的关于事物生成的理解对后世哲学流派的影响深远。海德格尔认为，任何存在者都不是预先存在着的，而是在相互作用的过程中发生和成为自己的。存在能确定存在者作为存在者，是一切存在者得以成为其自身的先决条件，其中存在相当于英语不定式动词"to be"。维特根斯坦指出，含义并非预先设定，而是在过程中得以生成，所有的存在，都是在不断"使用"过程中生成的。罗祖兵主张，"生成"的意思是某物从不存在到存在、从存在到演化的过程。它不是指事物本身，而是指事物存在的过程。作为一种思维方式，其核心是用创生、变化、发展的观点去看待事物及其发展。

张广君认为，教学的生成性是教学存在的本质属性。对于教学存在而言，生成性是其根本特征。生成不仅体现在教学存在发生和运行的过程中，也是人本身的文化生成。故而，教学的生成性不仅体现在教学过程的生成，还注重人的体悟、思维、情感等各方面的生成，旨在促进人与文化的双重建构。在生成论哲学视野中，它还指涉一种生成性的哲学思维方式，即用生成的眼光看待世界，一切都在生成之中。"生成"作为一种思维方式，它主要表现出三个性质。

第一是关系性。怀特海认为，组成世界的基本要素就是事件，"宇宙就是事件场"。事件不是实体，而是事物之间的关系。这样，任何事物都处在与其他事物的关系之中。由于生成性思维对关系非常重视，所以也可将其称为"关系性思维"。由于它放弃了对实体和本质的唯一追寻，故它不再寻求事物之间的统一性，转而承认事物之间的差异性。既然事物的本质被放逐了，那么就不应只关注本质而不关心现象，至少本质和现象具有同等重要的意义或者说各有其对方不能取代的意义。

第二是创造性。既然事物都是关系性存在，那么事物之间必然存在相互作用和相互影响，事物的发展主要是相互影响与相互作用的结果。在生成性思维视野中，"没有已造成的事物，只有正在创造的事物。没有自我保持的状态，只有正在变化的状态"。如果考虑到事物是关系性存在，那么事物的最终发展结果就必然不同于仅按规律运演的结果，结果与计划存在差异性是必然的、合理的。只要容许这种差异存在，事物的发展就必然具有创造性，即能出现比预设更多的东西。

第三是过程性。恩格斯认为："世界不是既成事物的集合体，而是过程的集合体。"这也是生成性思维的基本观点之一。发展过程是事物的意义所在，生活过程是人生意义所在。事物是在过程中生成的，是一种过程性存在。正如怀特海所言，"世界是现实的生成过程"。对过程的关注实际上也是对现实的关注，对当下的关注。但这并不是否定未来的重要性，而是告诫我们，如果不关注当下的每一次行动，不仅未来不可能很好地实现，而且还可能造成现实的异化。

三、高中数学单元教学整体生成策略的内涵

在论述了"整体"和"生成"的内涵的基础上，对"高中数学单元教学整体生成策略"的理解就会更为清晰。笔者认为，这一概念的内涵集中表现在以下两点：

第一，指向高中数学单元教学的整体生成教学策略。这一点强调的是整体生成教学策略建构对象的明确性和内容针对性。《普通高中数学课程标准（2017 年版）》在"实施建议"中指出"教材编写应体现整体性"，注重教材的整体结构与内容间的有机衔接；教学活动要整体把握教学内容，注重课程目标的整体实现。这一指向性，即要求在教学策略的整体生成性前提下，促进高中数学单元教学的效果，能够有效贯穿单元教学的全过程，更好地发挥高中数学单元教学应有的价值与功能。

第二，针对提升高中数学单元教学效果所制定的教学策略的整体生成性。这一点侧重于阐释整体生成教学策略区别于其他教学策略。值得注意的是，这里的"整体生成"是坚持整体既不是构成的整体，也不是

进化的整体而是生成的整体、运动的整体以及具备演化和进化功能的整体，强调生成是整体的生成，以及整体生成整体的一种强调整体生成特性的思想主张。"整体生成"思想是具有整体、和谐、同构整体哲学与充满生命关照的生成论哲学的思想融合与提炼。在本体层面的意义上，教与学相辅相成、相互转化、相对而成，由此才有教学的发生、存在及演化。而教学策略建构的两大依据即是教学者和教学对象，在教学过程中，教学者的教以及教学对象的学的相互促进、相互制约和动态生成协同促进着教学策略的生成。

第二节　高中数学单元教学整体生成策略的基本特征

一、单元教学目标策略的生本性与整体性

目标是个体对预期结果的主观构想，也是为活动指引方向的预期目的。它能起到维系组织的各种关系，明确组织发展方向的重要作用。教学中应以满足学生自身的生长和发展为出发点，秉持"人文化成观"的价值论立场，在教学中构建师生与文化的一体化和创造性的存在，是教学生成的目的所在。而教学目标作为教学目的的具体化层面，旨在构建人与文化的双重建构。整体生成策略的构建过程秉持整体思维和生成思维，主张构建以学生为主体的单元教学目标，改变传统以数学知识和教师为主体所建立的单元教学目标，坚持以人为本或者说以生为本，在本体论意义上是教学的"为人性"的创造性和历史性演进。所以，整体生成策略下的单元目标指向学生的变化。单元目标并非教师的教学流程或活动规划，而是学生通过学习应产生的切实效益，因此应以学生的学习成效为导向，借助教学，使学生提升核心素养。

整体生成策略的构建过程秉持整体思维，单元教学目标的构建需要体现整体性。在充分理解整体生成策略的内涵基础上，整体考虑单元内

知识之间、单元与单元之间、单元整体与知识之间的逻辑顺序和关系结构，同时结合学生的学习基础、认知规律和心理发展特点等来整体确定教学目标。

二、单元教学内容策略的关系性与重构性

关系性是关系思维区别于实体思维的主要特征，也是关系思维的研究立场之所在。实体思维预设世界有终极性实体的存在，而且这个实体是自足的、封闭的、孤立的，不依赖于他物而存在；而关系思维则强调"关系"，世界上没有孤立自在的事物，它们总是存在于某种"关系"或者某种"场"中。这种"关系""场"可能是现在的，也可能是潜在的，而事物只不过是某种"关系"中的某一"项"，或某一"场"中的某一"极"而已。当其中错综复杂的因素通过中介发生联系时，事物的状态也随之发生变化。"现象、实在和存在被限定在一组本质上不可分离的关系结构中"，而这就是关系性。

整体主义理论认为，整体主义是一种关系思维，任何事物都处于关系中、处于互相联系的背景中，任意一种关系的改变或新事物出现都会导致整体模式发生重组。关于教学存在的结构特征，张广君教授认为："教学存在的结构特征就是关系优先。"张广君教授对教学存在进行了关系分析，他认为："从整个教学论的范围来看，全部教学论关系不仅仅是教与学这一种关系，而是由主体活动具体形态所承载和表现着的众多关系的复杂教学论关系网络，也可称之为教学论关系体系。"

单元教学内容的确定，须要分析教学内容的结构，明确核心内容及其在数学课程中的地位和作用，挖掘数学思想方法，对学生学情的分析和把握，包括学生的认知基础、学习特点和习惯态度等；须要深度思考教学内容之间的关系、单元各环节之间的关系和不同课时之间的关系。

在此基础上，教师须要对教学内容进行重构。数学单元也是依据国家课程标准开发的教学整合单元，这既对教材进行补充、合并、拓展、替换、整合，又引入教材以外的其他学习资源进行课程创新。

更进一步来说，重构单元教学内容应涵盖以下三个方面：一是高中数学学科课程和教材所规定的基础性内容；二是学生学习状态和课堂表现、教师知识能力素养和教育理念，以及从课堂中巧妙提取的有利于提升学生数学素养的相关教学资源有机整合而形成的内容；三是从自然、社会、生活中广泛借鉴而来并由此生成的素材性内容。

重构可优化单元教学内容，发挥本单元组织的协同作用，强化单元教学的整体功能，促使单元彼此联动、前后融通、和谐共生，更好地发挥数学教学的育人功能。个体通过教学内容成为文化之载体，从而成长为文化新人。促进人的文化生成是教学存在的根本价值取向，具体包括：传承知识、培育能力、涵养品性、助长生命等，应成为当代教学功能的基本取向。无论是策略的初步建构、策略的实践运用还是策略的反思优化，其价值目标都应指向学生的人文化成，都应在传授学生相关符号知识、培养符号理解和运用能力、涵养数学文化品性和助长生命等方面促进文化新人的生成。

三、单元教学活动策略的生成性与对话性

张广君认为教学存在本身就是生成的存在，一切教学都是生成的，因而他坚持在生成论教学哲学教学的生成本质观以及交往本质观的基础上，探讨教学存在的本质及其生成性的属性与运动特征。在生成论的视野中，一切都是生成的，处于永恒的变化过程之中，不存在预定的本质。在生成论教学哲学的视野中，教学是一种生成性的存在，一切教学都在生成之中，生成性是教学存在的根本属性与运动特征。也就是说，教学

自身从一开始就具有发展与演化功能，生成性内在于教学本身，教学生成就是教学自身及其品性不断形成与展开的过程，也就是教学自我的发展、演化的过程。在生成论教学哲学中，教学生成是指教学存在由其自身生成属性所决定的，不断扬弃自身走向更合目的的结构状态的现实过程"。所以，生成论教学哲学坚持生成的教学本质观，并基于"一切将成"的生成性思维。

教学活动过程必须是生成性的。与"生成"相对的一个概念就是"已成""或者是"预成"。相对它们而言，生成强调的是事物发展变化过程本身，而不仅是事物本身。从课堂中的教学活动过程来讲，生成指的是师生的课堂教学活动偏离或超越原有的思路和教案设定的程序、轨迹而走向或偏向另外的方向。虽然教学活动是有计划的，但在展开计划过程中，会碰到许多先前预料不到的情况，此时可以根据过程中的实际情形来加以处理，不能把预设的情形看成必定要达成的东西。在此过程中，应当允许和鼓励师生的教学生成。在单元教学的课堂教学中，教师应根据课堂的具体状况，对教学过程进行调整或改变，即调整教学过程方法、结构及组织形式等，从而使教学活动呈现出一个动态的、变化的状态。

研究教学现象与本质的重要前提之一，即将教学活动理解为是借助语言沟通的一种语言性活动。教学活动作为一种特殊的师与生之间的交往，其重要载体即是对话，由此体现教学活动的对话性。教学活动的重要逻辑之一在于它以对话的形式拉近师生之间的距离，增进彼此间的交流和沟通。教学过程的对话性体现在师生之间的对话、生生之间的对话、学生与文本的对话、个体自我的对话四个方面。其中，师生之间的对话是基础，生生之间的对话是重点，学生与文本的对话是关键，个体自我的对话是根本。师之教和生之学是作为前提和基础的存在，任何教学都是"教"与"学"的相互统一、协调发展的过程，教师通过对数学内容的引入、阐释、转化、总结等过程实现与学生的对话；学生在合作学习、交流沟通中对数学内容进行理解、选择、应用和抽象，这是教学的重点所在；在经历师生、生生之间的对话后引发对内容的深刻理解和把握，通过对数学内容的多元解读从而提升符号意识；个体自我的对话是根本目的，是价值取向之所在。个体自我的对话实际上是对自己数学素养提升水平的元认识和元评价，通过对话的形式衡量自己是否将文化内容内化于身，从而实现自我的文化生成。

四、单元教学评价策略的多元性和发展性

评价是一个系统收集证据并对事物做出价值判断的过程。教学是一种特殊的交往，是主体、目的、内容、评价等方面特殊化的结果。其中，评价在教学过程中发挥激励、导向作用，有助于师生在过程中逐渐深化对自身的了解，进而促进自我不断完善、建构和生成。评价不仅要关注学生在知识理解、技能习得方面的发展，还要注重学生在数学学习、数学思考中的表现，在自我发展中的需求，从而更好地帮助学生认识自我，不断完善和建构自我，充分发挥评价的激励和发展功能，要从多个角度、采用多种方法评价学生的学习状况。数学单元学习评价，不仅限于纸笔测试形式及其测试结果，还要综合课程表现、项目实践活动等开展多元评价。同时，评价主体要多元，教学中存在教师对学生的评价、生生之间的评价、学生对教师的评价及个体自我的反思评价。不同主体对于同一个体的评价便于个体收集和采纳来自于不同层面、不同重点的信息，以此将信息进行整合，促进学生数学素养发展水平的提升；评价方式的多元化有利于全面深刻剖析学生在高中数学单元教学中存在的问题，以达到评价的增值作用。

　　任何教学评价的根本目的都应旨在促进学生个体的发展，激发学生的内在动力，使其能够自我认识、自我反省、自我教育。高中数学单元教学整体生成策略中的评价策略，主要目的是促进学生的数学学习，激励学生在原有基础上进一步努力，取得更大的学习成就、获得最大程度上的发展。这就需要改变过于强调评价的甄别功能的惯性意识，单元教学评价可以在一个整体目标的引领下，边评价，边反馈，边改进，有利于凸显评价的激励与发展性。同时，评价不仅要关注学生的数学学习水平，而且要关注他们在数学活动中所表现出来的思维品质、价值观念、情感表现和生活运用。

第三节　高中数学单元教学整体生成策略的内容

本研究提出以目标、内容、活动和评价四个指向为核心的整体生成策略。

一、目标策略：建立单元整体目标，注重培养核心素养

《普通高中数学课程标准（2017 年版 2020 年修订）》中指出，教师应对各学科的核心素养的要求形成深刻理解，关注单元、课时的教学目标，明确这些目标对于培养学生学科核心素养的价值与意义。在确定教学目标时，要把握好学生数学学科核心素养发展的各阶段目标之间的关系，合理设计各类课程的教学目标。崔允漷教授认为，站在单元的水平，就能看到素养；如果站在知识点的水平，则看不到素养，要着力于培育学生的数学核心素养，首先要从单元整体目标的建构开始。针对目前对单元整体目标的误解、缺失等问题，下面对其概念、意义和原则进行阐述。

（一）单元整体目标的概念

目标是个体对预期结果的主观构想，也是为活动指引方向的预期目

的。它能起到维系组织的各种关系，明确组织发展方向的重要作用。单元整体目标是指综合考虑单元内知识之间的逻辑顺序和关系结构，以提升学生数学核心能力，结合学生的学习基础、认知规律和心理发展特点等来确定的教学目标。教学目标是教学设计的"灵魂"。目前，将课程与课堂教学目标混为一谈、缺乏过渡是教师在制定教学目标时存在的最为突出的问题。这就要求教师注意单元与课时教学目标的内在联系。前者是在一定教学阶段所应实现的目标，后者是在具体课时教学中应实现的目标。后者的长期积累能促进前者的实现。

作为具体化的课程目标，单元整体目标用于对一段时间内所需学习的课程内容进行规划，属中观目标。实践阶段，应结合教学内容对课程标准中的"内容与要求"的具体含义进行重点解析。具体而言，可以以单元为基本单位，对单元教学内容进行拆解，明确学生在单元学习结束以后所应掌握的知识能力等方面应实现的目标。以初等函数单元为例，单元整体目标可以是"借助对课程内容的学习，领悟使用函数概念建模的步骤以及方法，领会函数在多门学科中的地位与价值，使用函数的思维方法使学科以及生活问题得到有力解决"。单元整体目标涵盖了抽象的论题、明确的学习任务及抽象的认知过程，是"加强数学的提问与分析能力，加强学生的实践能力，使学生能够灵活地学以致用""培养应用意识""对数学学科的价值与魅力建立认知"等的具体化。

（二）单元整体目标的意义

单元整体目标设计能够有效地提升参与设计者对学科本体知识的理解，提高他们的学科教学水平以及对教学内容在育人价值方面的认知。对于数学教师而言，参与单元整体目标设计将有助于其显著提高自身对新课程标准、教材内容和学情等的理解与把握。在单元整体目标设计的指导下，教师的大局观能够得到显著强化。理解了单元整体目标之后，课时的设计将更有针对性和整体性，课堂教学的条理也将更加清晰，更能把握住数学学科的核心内容。因此，开展单元整体目标设计是基于数学核心能力的学科教学中必不可少的环节，是开展高中数学单元教学的基础。

（三）单元整体目标的原则

1. 体现整体性

单元整体目标的构建须要体现整体性。在充分理解整体生成策略内涵的基础上，整体考虑单元内知识之间、单元与单元之间、单元整体与知识之间的逻辑顺序和关系结构，以提升学生数学核心能力，同时结合学生的学习基础、认知规律和心理发展特点等来整体确定教学目标。

2. 目标指向学生的变化

单元目标并非教师的教学流程或活动规划，而是学生通过学习应产生的切实效益，因此应以学生的学习成效为导向，借助教学，使学生在双基等方面发生改变。由于"使学生形成将抽象的数学语言与直观的图象结合起来的思维方式"等表述是以教师教学规划为导向的，因此它是不符合要求的。

3. 与教师教的任务和学生学的任务相区别

教学阶段包含了两个主体即教师与学生，二者的任务分别是教授和学习，二者的任务是实现教学目标的媒体，而非教学目标本体。任务的完成并不表示目标的实现。例如，"使学生掌握求曲线方程的常规步骤"等均只列出了"任务"，并未明确所应实现的"目标"。

4. 与内容紧密结合，避免抽象、空洞

培养数学能力等方面的教学目标的实现，需要经历一定的学习阶段，需要学生对多种教学内容的整体学习才能实现。在采用"培养数形结合思想"等方式对此类教学目标进行表述时，容易出现过于空泛的问题。

因此，教师应结合内容特点来制定课堂教学目标，将当前教学内容在推动学生数学能力提升的特定视角或层次的目标要求上反映出来。

5. 目标表述要明确

教师在对单元整体目标进行表述时，应明确学生经过阶段性的学习以后产生的变化，从而通过特定教学活动的设计来实现目标。清晰表述的目标能为教学工作的开展指引方向。通常情况一个目标由对预期的学习过程进行描述的动词以及明确学生预期掌握的知识的名词共同构成。值得一提的是，相同的目标不应包含层次不一的结果。例如，"在对曲线的方程这一概念的学习中，应理解、记忆这一概念，并灵活使用所学知识求解方程"，就对同一目标做出了"理解""记忆"等不同层次的表述。教师应对这种学习目标进行更加细致的分解，使相同目标仅包含一个层次的学习结果。

二、内容策略一：整体分析教学要素，设计单元学习活动

整体主义理论认为，整体主义是一种关系思维，任何事物都处于关系中，处于互相联系的背景中，任意一种关系的改变或新事物出现都会导致整体模式发生重组。

一方面，要想较好地整体把握教学内容，就应对教学要素进行深入研究。通过对教学要素的分析为教学目标以及流程的设计提供合理的参照标准，从而为教学设计的有效性提供保障。具体而言，可以从以下方面对教学要素进行深入分析。①内容解析，即对单元教学内容的解读和分析。教好数学的前提是自己先理解好数学内容。教师对数学内容的理解，不仅要搞清楚内容的本质，而且要明确内容蕴含的育人价值，进而明确数学学科核心素养融入教学内容和教学过程的载体和具体方式，这样才能为达成数学育人目标奠定坚实的基础。也就是说，要分析单元内

容的本质及其蕴含的思想和方法，明确核心内容及其在数学课程中的地位和作用。同时，要注意应该对单元内部和单元与其他相联系单元之间的关系进行分析。②学情分析。对学生学情的分析和把握，包括学生的认知基础、学习特点和习惯态度等。教师还可采用课前提问、批改学生作业等方式来了解并分析学生的学习情况。③教法分析。在学情分析和内容解析的基础上，针对单元的核心内容及教学重点、难点等合理选择教学方法。④单元教学问题诊断分析。为了加强教学的针对性，从而提高教学质量和效益，单元教学设计时必须进行以学情分析为核心的教学问题诊断分析。所谓教学问题诊断，就是在教学内容解析、教学目标解析的基础上，教师根据自己已有的教学经验和数学知识的内在逻辑关系，对当前内容在学与教中可能遇到的问题进行预测，并对出现问题的原因进行分析，确定哪些问题可以由学生自己努力得到解决，哪些问题需要教师启发引导进行突破，哪些问题必须通过教师讲解才能解决。这样不仅明确了教学难点，而且对突破难点的方式方法做到心中有数。

另一方面，单元学习活动是单元教学中不可或缺的一部分，单元教学设计的核心环节，是新课程标准、新教材实施的关键所在，是落实数学核心素养的重要途径。单元学习活动旨在"问题解决学习"的创造，培育"核心素养"，针对目前高中数学单元学习活动的缺失等问题，对其概念、价值和原则进行阐述。

（一）单元学习活动的概念

高中数学单元学习活动，是基于《普通高中数学课程标准》，以真实情境为载体，以典型任务为内容，开展探究和实践活动进行设计的过程。通过活动，学生可以加强对知识发生发展过程的体验，有机会在一个单元的学习中运用多种学习方式，丰富学习经历。通过活动，可以引导教师关注学生的学习过程，更好地落实数学核心素养。

（二）单元学习活动的意义

从学生的角度来看，学生可以通过活动获得对知识发生发展过程更深入的体验，并有机会在一个单元的学习中运用多种学习方式，丰富学习经历；从教师的角度来看，能使教师更加重视学生的学习情况，加大对学生学习流程、效果等的评价的研究和实践，更好地落实数学课程的目标。

（三）单元学习活动的原则

1. 以生为本

活动设计的出发点是为了学生，指向学生有意义的数学学习，而有意义的学习建立在学生意愿和知识经验的基础之上。设计时应重点关注活动是否对学生学习目标的达成起到促进作用。另外，在活动中提倡学生掌握协作交流等多样化的学习方式，进而充分调动学生的主观能动性，使学生在教师的引导下实现学习的再创造。

2. 情境为先

单元学习活动设计应从单元内容的主题意义出发，结合学生的生活经验和认知水平，创造并设置与主题意义存在紧密联系的情境，在学生生活与活动内容之间建立紧密联系，培养学生的学习兴趣，使学生在学习中形成多样化的体验。

3. 操作为上

在活动设计阶段，不但要明确形式以及内容，而且应为活动目标的实现提供保障，活动难度要考虑到学生的个体差异，从而保证所有学生都能参与活动并做出相应的贡献。

三、内容策略二：重视单元起始教学，重新定位悉心设计

1. 数学单元起始课的重要性与困难点

传统的高中数学单元起始课，一般只是简单介绍一下本单元有哪几节，哪几个内容，或者直接将起始课定位于每一章的第一节课，就课论课，对章引言、章头图关注较少，把一章的内容当成每一课时的简单叠加。从某种意义上说，我们的数学单元起始课是缺失的。

究其原因，主要是过去我们只注重知识技能教学，教学过程注重局部、细节，重在逐个解决眼前面临的小问题，只接受教材或是教师的思维结果，这样的教学效率是低下的，教师缺乏整体思维。事实上，起始课能为整章的教学起到路线规划、导航定位的作用，相当于汽车 GPS 的功能。安装了 GPS 的起始教学能让后续课时教学近似于"傻瓜式"操作，避免我们走弯路，而且能加强整体认识、协调彼此之间的联系。它注重的是为整个单元的学习提供先行组织者作用，使学生掌握本单元的教学内容以及学习方法，建立模块化知识结构，将起始课的奠基、提纲挈领作用发挥出来。当然，万事开头难，良好的开端是成功的一半，作为单元教学的"第一节课"，说明了实施的难点是起始课，而起始课又很重要。我们说要注重单元整体性，可是在单元起始课中，如何体现整体性？如何培育学生的数学核心素养？如何设计、安装理想的"GPS"？这些都是一线教师的困难点。

2. 概念界定与教学定位

参考孙军波老师对单元起始课的定义，我们认为，高中数学单元起始课是在整体主义理论下，基于学生"最近发展区"与发展数学核心素养切实需要的教学目标，以章头图、章引言、章或单元第一课时文本等为教学素材，根据课标、教材、学情在结构上的联系，进行重新组合的

"单元"第一课。

单元起始课更突出整体（内容和研究方法的整体性）关联性思维，它是以生本与培育核心素养为主，帮助学生构建良好的知识结构和认知结构。在单元教学中，起始课看似意义不大，但能给学生的后续发展带来重要影响。换言之，其教学功能主要体现在为学生的后续学习服务并起到一定的奠基作用，而非使学生掌握大量的知识。其功能价值主要表现在为后续单元内容的学习明确目标以及方法，解决学习目的、学习对象、学习方法方面的问题，随后结合教学实情来进行相关新知识的教学。

3. 教学策略

（1）大处着眼，提出大问题、大概念、大背景、大观念等

在高中数学的单元教学实践中，教师应放眼全局，从整体性的角度开展起始课教学，将单元的整体教学效果比各课时的教学效果总和大的优势全面发挥出来，通过揭示以下要点，为后续单元教学内容的学习起到一定的奠基作用。第一是"大背景"，即本单元所涉及的核心问题是在怎样的背景下产生的。它既是知识原理的来源，又是对教学内容进行学习的原因；第二是"大问题"，即时间上领先于其他问题，内容方面包含其他问题的核心问题，其他问题均是由该问题衍生而来的核心问题；第三是"大框架"，即为了使本单元的核心问题得到解决而构建的整体框架，它是通过对核心问题进行逐级分解后转变而成的"问题链"或"问题系"，大框架的构建是明确大问题的解决思路的基础；第四是"大观念"，即本单元教学内容学习、问题解决中具备普适性的、本质性的数学观念，其中包含了学科的一般观念以及方法，有的是对本单元学习极为重要的观念方法。

（2）注重学习路径的引导和学习方法的渗透

数学教学旨在解决"学习意义、学习内容、学习方法"的问题。长

远看来，相较于学习内容而言，学习方法更为重要。学生要想具备持续学习、自学的能力，就应科学地掌握学习方法。为此，教师在进行起始课教学时，应重视学习方法的融入、学习方式的引导，以学习经验的积累为主，为学生后期学习起到一定的铺垫作用，而不应局限于对知识的教授。

（3）以问题引领，促进学生学习

问题是数学的核心，在单元教学中，教师主要将提升学生的学科素养作为目标，为了帮助学生进行有效探究，教师应将知识、活动、任务进行问题化处理。具体而言，通过问题激发学生的学习动机，明确其学习目标，搭建学习框架，使学生掌握问题的解决方法，建立学生积极、深度参与的载体以及平台。因此，不论教师采用怎样的方式进行教学，都应将知识作为媒介，紧扣问题来引导学生进行自主探究，培养学生的数学素养；应引导学生掌握将现实问题转变为数学问题的方法，加强学生发现问题、使用数学思维来分析并解决问题的能力，将问题对学生学习的引导作用全面发挥出来，使学生通过提问来进一步掌握并巩固所学知识。

（4）设置合理情境，激发学生学习本单元的兴趣

苏霍姆林斯基说过，所有人都存在希望自己成为探索者、研究者的需求，而对于儿童而言，这种需求极为强烈。在教学实践中，教师应将合理的教学情境引入起始课教学中，借助情境的设置来激发学生的学习积极性。数学源自生活，因此在课程设计中，应注重将教学内容与学生的生活实际结合起来，以免使数学教学成为枯燥无味的知识灌输。这就要求教师投入大量的时间对生活案例、故事情境进行深入挖掘，与起始课教学融合起来。教师在使用这种方法进行教学时，应注意把握使用情境的基础，教师应全面结合教学内容来引入生活情境，如此一来，才能

丰富教学内容，激发学生的学习兴趣。

这种"情境式"的起始课，更容易激发学生天生的好奇心和探究欲，从而更好地促进后续的学习，相当于"谋好篇、开好局"。

（5）渗透数学文化，提升学生数学素养

随着数学学科研究的深入，人们对这门学科的价值以及认知也在不断发展，人们对数学文化的研究更是赢得了各国学者、专家的普遍关注。李大潜认为，数学是人类文明的基石，是先进文化的代表。其诞生与发展在人类发展史上起到了良好的促进作用，推动人类积累了更多的文明成果。数学文化将多门学科交叉融合了起来。不同于其他学科，数学较为注重抽象的逻辑思维。本质上，数学文化反映了文化培育人才、素质教育的基本要求。

数学不应只关注智育，德育同样重要，而单元起始课的教学内容中就包括与本单元知识相关的数学文化，数学文化的渗透，有助于加强学生对本单元关键概念的认识，以及对于本单元知识在生活中实际应用的了解，也可以使所学的数学知识更加系统，使学生理解数学知识之间是相互联系的。数学文化也能对学生创造力、实践精神的培养起到积极的促进作用，这正符合素质教育的要求，学习的目标在于将所学知识用于实践，数学知识的应用早已融入生活的方方面面，在数学课堂中引入数学文化，有助于拓展学生眼界，反映数学与其他学科的联系。数学文化的融入是培养学生学科素养的核心渠道。例如，通常情况下，数学研究对象都具备相关的数学历史背景，教师要合理利用这些材料，在章引言课的教学中渗透数学文化，以培养学生的数学学科核心素养。

当然，不论是在单元起始课还是日常教学中，教师都应该研究数学文化，将数学的本质教授给学生。数学文化的熏陶可以促进学生健全人格的养成。一方面，学生可以学习数学家们那种不畏艰辛、不怕失败的精神；另一方面，又能学到以退为进，逐步调整的方法、策略，形成能进能退的开阔胸襟。这正是一种文化的迁移，一种文化的教育。

（6）夯实基础，迈好第一步

因教学时间较为紧迫，任务较为繁重，单元起始课需要在夯实学习基础以后，向数学知识学习的方向转变，实现由"务虚"向"务实"的转变。此时，教学工作应力求平稳、扎实，而不应一味追求速度与数量。这是由学生的学习规律以及起始课的特色与价值决定的。因为只有平稳前进，才能走得更远；只有注重积累，才能学好知识。应以单元的初始教学内容为媒介，掌握对问题的正确研究思路以及方法，积累学习经验，为后期学习蓄力。

教师只有对起始课进行悉心设计与不断优化，才能推动学生学科素养的发展。在开展设计工作以前，教师应对教材进行仔细研究、阅读，明确单元教学的整体目标以及重难点，对教材的引言等内容进行认真研究、阅读，对教材所蕴含的教学价值形成深刻理解。在教学设计阶段，教师既要明确单元教学的整体性，实现对学习框架的整体建构，重视知识的动态生成过程、知识的逻辑关系，又应对教学内容所蕴含的思维方法以及隐性知识等进行深入分析，将这些知识方法融入教学设计中。虽然教师需要投入大量的时间与精力，才能在单元教学过程中设计出一节优质的起始课，但如果这节课能取得良好的效果，也能使教师后期的教学工作变得更加高效。

四、活动策略：课堂以问题链驱动，促进教学整体生成

围绕生成论教学哲学，张广君指出，"教学首先是关系概念，其次是活动概念，再次才是实体概念"。这里强调了教学的关系性，而强化关系性的最好载体就是好的问题。在问题驱动下，师生间动态、相互作用地

推进育人过程。教学活动是教师与学生积极参加、交互、同步发展的过程。教师要想有效地开展教学活动，就应将学生的学习过程与教师的教授过程有机结合起来，突显学生的主体性，并且教师应将引领者、协作者的作用发挥出来。此外，数学教学应激发学生的学习热情，使学生产生浓厚的兴趣，启发学生进行自主思考，注重创新思维的培养；应注重学生良好的数学学习习惯的养成，使学生掌握恰当的数学学习方法。

基于此，笔者提出在高中数学单元教学下的课堂教学活动中应用"问题链"的教学策略。教师结合教学内容以及目标，通过"问题链"的悉心设计，启发学生进行自主思考、探究，在这一过程中发现问题，提升自身的问题分析以及解决能力，进而深化学生对于所学知识的理解。"问题链"教学不但突显了教师的主导作用，而且突显了学生的主体性，并设法为学生打造了活跃的课堂氛围，使学生乐于积极地参加数学活动，使学生成为课堂的主人翁，在课堂轻松愉悦的氛围中启发学生的智慧，使学生扎实地掌握数学知识，培养其学习能力。

可以说，"问题链"数学教学是弗赖登塔尔数学教育观的进一步延伸和理论实践。从某种意义而言，"问题链"数学教学就是对弗赖登塔尔"再创造"思想的具体化，是对数学教学内容的有限再创造，是教师引导学生在问题情境中进行探究活动，经历知识的再发现和数学思想方法的习得过程。利用"问题链"教学，教师创设合适的现实问题情境使学生进入探究活动的环境，后面的教学则围绕着这个核心问题展开。为了引导学生对核心问题进行有效的数学探究，在这个过程中教师就需要根据学生的反应设置有启发性的、有针对性的和有前后逻辑关系的一个个小问题，即"问题链"。

值得注意的是，我们这里指的"问题链"，并不是许多问题的简单堆砌，它必须遵循一定的设计原则和方法。

（一）"问题链"的设计原则

"问题链"应遵守一定的原则进行设计，而不是各种碎片化问题的简单叠加。在设计课堂问题时，教师应尽可能地启发学生积极思考问题，激发学生对于知识的探索欲望，引导学生自主解决问题并逐渐掌握知识以及提升能力。但并不是所有问题都与预期目标相符，一些过于简单、缺乏深度的问题，外加上单一枯燥的提问方式，只能使学生变得消极被动，并且会对学生的自主思维带来负面影响，有悖于以启迪学生智慧为导向的数学教育。因此，要想改善课堂问题的设计方式，不但应对问题的类型、提问方式与方法等进行研究，更为关键的是，应改善对"问题链"原则的设计。对此，我的建议如下。

1. 针对性

课堂问题应将教学所应实现的目标一目了然地呈现出来，按照教学内容进行有针对性地设计，结合学生的实情、教学的重难点，为学生深入地理解并掌握知识起到一定的促进作用。此外，所设计的问题应力求精准、清晰，既不会让学生觉得过于简单又不会让学生觉得过于复杂，在循序渐进，与学生的认知规律相符，与学生现有认知能力相符，切忌存在歧义或含糊不清。要想改善教学质量，就应把握教学重点。因此，问题设计是课堂教学的核心环节之一。

2. 明确性

数学是一门思维缜密，较为抽象的学科，在对"问题链"进行设计时，其中的所有问题都应清晰简洁，无论是提问内容还是问题的答案，都应具备较强的指向性。如果在表述问题时，存在语言含糊不清的问题，则会使学生感到困惑，难以明确题意。为此，教师务必按照严格的标准进行语言表达。一旦使用含糊不清的语言，会使学生难以把握教师所提问题的实质含义，难以明确问题的指向。因此，教师在设计问题时，应避免提出含糊不清的问题。

所有问题都应具备明确的指向性，明确对学生的要求、思考以及探究的内容。如此一来，才能为学生全神贯注地关注教学重难点起到一定的促进作用，进而使学生提升学习效率，深入地思考问题，形成深刻的认知。

3. 逻辑性

积极引导学生进行自主学习是设计"问题链"的基本目标。其中，按照逻辑性的原则来设计"问题链"是指问题之间应存在内在联系，应按照一定的逻辑顺序将思维过程反映出来，力求前后衔接、井然有序。通过问题的合理设计来启发学生积极思考问题，形成良好的思维品质。

在情境与目标、已知与未知、简单与复杂之间建立联系，使学生在"问题链"的指引下，通过积极探索，不断实现自我提升，逐步适应不断增加的学习难度，由低级、形象的数学思维转变为高级、抽象的数学思维。

4. 渐进性

本质上，在教学中引入"问题链"的目标在于引导学生结合问题进行积极学习，在学习过程中逐步深入，实现对知识的自我建构。由此可见，教师应结合教学目标来合理设计"问题链"，将教学内容组织成多个存在一定逻辑关系的问题，将前后问题衔接起来，实现平和过渡。如此一来，所有问题都能成为学生思维的阶梯，将一系列的问题建立成一个"问题链"，使学生基于对知识逻辑关系的掌握来获取知识，提升自身的思考能力。

（二）"问题链"的设计方法

在教学实践中，可结合教学需求、多样化的教学步骤来设计"问题链"。例如，结合生活场景设计与学生现有生活经验或实际生活联系起来的"问题链",并将之用于课题引入环节,如此一来,不但能建立轻松、愉悦的教学环境,而且还能激发学生对于知识的探索欲望;在知识建构中对"问题链"进行精心设计,将大问题分解为小问题,将抽象转变为具体,使之形成一个具备一定逻辑联系的"问题链",使学生明确目标,建立层次化的知识结构,形成缜密的数学思维,更好地获取新知;通过对"问题链"的设计,引导学生进行积极思考、对比分析,把握知识的特点以及普遍规律,更好地发现知识之间的细微差异;在问题解决阶段,可通过"问题链"的引入引导学生进行自主探究,对问题信息进行重新组合和进一步加工,为学生发现问题的本质特点起到良好的引导作用,使学生探索出问题的解决方案与方法;在例题教学中,打破原有的问题结构,采用多样化的提问方式等设计,为"问题链"赋予变式性的功能,使学生在解决这些问题的过程中,养成良好的思维以及归纳能力。

(三)案例

"几类不同增长的函数模型"教学设计

一、引入

问题1:《江南 style》发行后,网上点击量迅速增长,如表 4-3-1 所示,如果每点击一下表示售出一张含有《江南 style》的光盘,那么第 20 小时、第 30 小时售出的光盘叠起来的厚度会超过珠穆朗玛峰的高度吗?(假设一个光盘的厚度是 1 毫米,时间与点击量情况见表 4-3-1)

表 4-3-1　时间与点击量变化表

时间/小时	点击量/次
1	2
2	4
3	8

时间/小时	点击量/次
4	16
5	32
6	64
7	128
8	256
9	512
10	1024

设计意图：以学生熟悉的《江南 style》形成问题情境，产生应用函数的需要，激发学生的学习愿望。震撼的视频与有趣的问题立即引起学生的注意，老师对于这个问题，设而不解，在学完本节内容后，再回来解决。

二、分析问题，思考方案

例 1：《江南 style》的演唱者是来自韩国的"鸟叔"，他的爸爸是一名企业家，他给了"鸟叔"一笔钱，让其用于投资，现有三种投资方案供他选择，这三种方案的回报如下。

方案一：每天回报 40 元；

方案二：第一天回报 10 元，以后每天比前一天多回报 10 元；

方案三：第一天回报 0.4 元，以后每天的回报比前一天翻一番。

请大家帮忙选择投资方案。

设计意图：与引入的《江南 style》的演唱者"鸟叔"连起来，再次激发学生的兴趣，让学生思考，经历建立函数基本模型的过程。

三、组织探究，初步体验

问题 2：先完成日回报的表格。(设第 x 天所得回报是 y 元)

问题 3：分析上面的表格，你得出什么结论？

生：第 1~3 天，方案一最多，第 4 天，方案一或方案二最多；

第 5~8 天，方案二最多；第 9 天开始，方案三最多。

问题 4：根据表格，归纳概括出相应的函数模型，写出每个方案的函数解析式。（设第 x 天所得回报是 y 元）

（学生上台书写，教师指出函数的定义域优先）

问题 5：我们知道，函数图象是分析问题的好帮手，为了从总体上把握三个方案的增长情况，我们借助计算器画出它们的图象。

（教师展示几何画板，学生观察，感受不同函数增长的速度，几种不同的增长的函数模型见图 4-3-1）

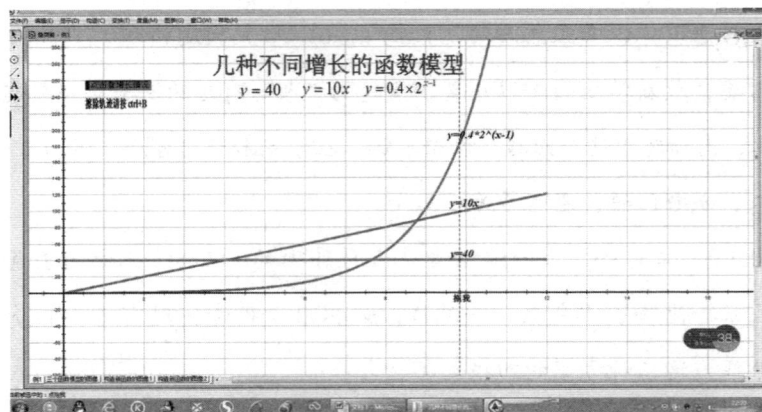

图 4-3-1　几种不同增长的函数模型

问题 6：三个函数的增减性如何？三个函数的增长速度如何？

表 4-3-2　累计回报表

累计回报\天数\方案	1	2	3	4	5	6	7	8	9	10	11	12	13
一	40	80	120	160	200	240	280	320	360	400	440	480	520
二	10	30	60	100	150	210	280	360	450	550	660	780	910
三	0.4	1.2	2.8	6	12	25	50.8	102	204	409	819	1638	3276

问题7：根据上面的累计回报表（表4-3-2），通过小组交流，写下你的投资选择。

设计意图：鼓励学生合作探究、动手实践，能借助计算器，利用数据表格、函数图象对三种模型进行比较、分析，初步感受直线上升和指数爆炸的意义，初步体验研究函数增长差异的方法。

四、交流成果，初步小结

（一）学生交流

让学生交流小组探究的成果（表格、图象、结论）。

（二）师生互动

1. 阅读教材上例题解答中的数据图象（突出散点图）与表格，引导学生关注增长量，感受差异增长。

2. 教师多媒体动态演示，让学生进一步体会增长差异。

设计意图：让每一个学生动脑思考，动手操作，分享成果，达到生生互动、师生互动；借助多媒体展示，帮助学生理解不同增长的函数模型的增长差异，并且初步体验数学建模的基本思想，认识函数问题的研究方法。

五、再次探究，深入分析

（一）提出问题

例2：经过科学的选择和不懈的努力，"鸟叔"的投资终于给他带来了爆炸式的回报，现在"鸟叔"拥有了自己的唱片公司，为了实现1000万元利润的目标，他继续邀请你为他选择一个激励销售人员的奖励方案：在销售利润达到10万元时，按销售利润进行奖励，且奖金y（单位：万元）随销售利润x（单位：万元）的增加而增加，但奖金总数不超过5万元，同时奖金不超过利润的25%。现有三个奖励模型：$y = 0.25x$，$y = \log_7 x + 1$，$y = 1.002^x$。

问：其中哪个模型能符合"鸟叔"的要求？

设计意图：引入"鸟叔"的故事，使得两个本来毫无联系的例题建立起桥梁，使得两个例题研究过渡自然，学生的思维也不易松散。

（二）引导分析

问题8：如果你是销售部门的一位员工，你期待哪个奖励模型？

问题9：根据题目，公司奖励方案有什么条件？

第一，销售人员获得奖励，其销售利润 x 的取值范围是_____。

第二，奖金总数_____，用不等式表示为_____。

第三，奖金总数_____，用不等式表示为_____。

（教师演示几何画板，几个函数模型图象见图4-3-2）

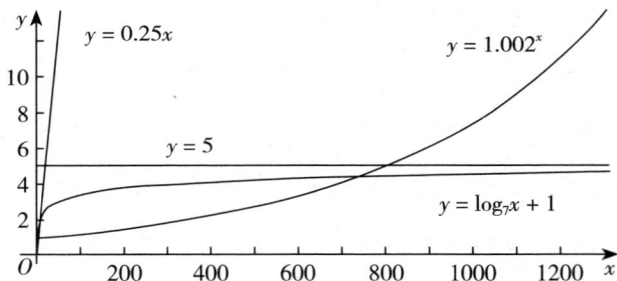

图4-3-2　几个函数模型图象

问题10：通过观察图象和分析，你认为哪个模型符合公司的奖励方案？

设计意图：让学生在探究和观察的过程中，学会理性分析，体会对数增长模型的特点。

六、拓展延伸，展示创新

这个奖励方案实施以后，立刻调动了员工的积极性，企业发展蒸蒸日上，但随着时间的推移，又出现了员工缺乏创造高销售额积极性的问题。

问题 11：我们的奖励方案有什么弊端？

问题 12：你能否用图象表达下面的创新设计方案？

【创新设计】为了实现 1000 万元利润的目标，在销售利润达到 10 万元时，按销售利润进行奖励，且奖金 y（单位：万元）随着销售利润 x（单位：万元）的增加而增加，要求如下。

10 万 ~ 50 万，奖金不超过 2 万；50 万 ~ 200 万，奖金不超过 4 万；200 万 ~ 1000 万，奖金不超过 20 万。请选择适当的函数模型（可用分段函数），用图象表达你的设计方案。（小组合作）

设计意图：设计开放性问题对例 2 拓展延伸，既检测了学生对几类不同模型增长差异的掌握情况，又鼓励学生学以致用，用以致优，使学生的学习过程成为在教师引导下的"再创造"过程。

问题 13：你现在能解决引入的问题并体会指数爆炸吗？

解：这明显是一个指数函数，在第 24 个小时，$f(24) \approx 16777$ 米，已超过珠穆朗玛峰的高度（8848.86 米）！让学生再一次体会指数爆炸。

七、归纳总结，提升自我

问题 14：通过本节课的学习，你有什么收获？

设计意图：理解几类不同增长的函数模型的增长差异，提炼数学方法思想，认识数学的实际应用价值。

五、评价策略：单元教学多维评价，助推学生整体发展

整体主义理论认为，我们要重新思考我们的评分制度、评价体系和考试标准。评价的核心作用在于为师生提供反馈，在此基础上进行改进学习。事实上，"客观"的分数评估会对学生的学习以及发展带来不良影响。针对目前对学生学习评价方式单一的现状，本文提出单元多维评价，以助推学生整体发展。从多个角度、采用多种方法评价学生的学习

状况，如评价主体的多维，包括教师对学生的评价、生生之间的评价、学生对教师的评价及个体自我的反思评价。不同主体对于同一个体的评价便于个体收集和采纳来自不同层面、不同注重点的信息，评价方式的多维有利于全面深刻剖析学生在高中数学单元教学中所存在的问题，以达到评价的增值作用。下面对高中数学单元评价的概念、价值和原则进行阐述。

（一）高中数学单元评价的概念

评价，是一个系统收集证据并对事物做出价值判断的过程。教学评价是指使用评估的方法方式结合教学目标对教学活动以及所应实现的效果进行价值判断的过程。教学评价的核心目标在于掌握教学活动的反馈信息，对学生所学内容、学习程度进行检测，在此基础上对教师教学是否实现预期目标进行判断。高中数学单元评价是指以课标为依据，以数学内容为载体，运用质化和量化的方法，测评学生在一个单元内的"四基""四能""六素养"的发展水平，并对学生数学学习效果进行价值判断的过程。

（二）高中数学单元评价的意义

在数学教学中，单元评价是核心环节之一。教师应结合学生的学习态度、知识能力的掌握、学科核心素养的培养等进行单元评价。教师要基于学生的评价，反思教学过程，总结经验，发现问题，提出改进思路，单元评价的目标在于对学生的学习效果、教师的教学效果进行评估，采用考查的方式，对学生在学习阶段的优点、缺陷进行诊断，从而对教师教学阶段的优点、缺陷进行诊断，采用诊断的方式改善教学以及学习行为，更好地实现培养学生学科核心素养的目标。

（三）高中数学单元评价的原则

1. 以生为本

要关注学生成绩，也要关注学生综合素质。要关注结果，也要关注过程。要有激励导向作用。

2. 质化与量化评价相结合

要体现数学知识的定量评价，也要体现学生在单元学习中非智力因素的评价。非智力因素中尤其应当关注学生的科学精神、创新意识和实践能力的发展。

3. 评价主体多元化

学习者的能力体现在多个方面，所有学习者各有千秋。在意义建构阶段，学生展示的能力并非单一维度的反映，而是不同维度、能力的综合反映。

在学习过程中，学生占据着主导地位，学生是多样化的评估活动的参与者、协作者，因此应构建开放的评价环境，倡导师生、家长共同参加评估活动，丰富评价主体，促使学生在自评、互评中不断反思，对自我建立清晰的认知，进而实现自主学习和发展。主要包括如下内容。

（1）教师评价

教师的身份以及专业知识，使之在学生中产生了一定权威，具备一定影响力。教师的认同、表扬能使学生获取成就感，增强信心。并且在学生学习阶段，教师能对学生的学习情况进行仔细观察，并进行及时引导，因此，教师应以学生的发展为切入点，采用科学的方法开展各级评价工作。

（2）学生评价

学生评价包含学生的自评与互评。事实上，前者是指学生对自我的反思，它能使学生发现自身的缺陷与长处，通过高效的学习加强自身学习能力，形成自律的良好习惯，扬长避短，其在培养学生的健全人格上起到了关键作用。后者是同学之间的互相评价，其极具可信度，能起到互相学习、敦促的作用，使学生虚心接受他人的意见，激励学生不断奋进，以诚恳的态度对待学习伙伴，形成良好的团队协作精神。因此，学生应积极参与教学评价，将其主体性体现出来。

（四）高中数学单元评价的案例

相关评价表见表 4 - 3 - 3、表 4 - 3 - 4。

表 4 - 3 - 3　指数函数与对数函数单元学习自评表

指数函数与对数函数单元学习自评表				
班级：		姓名：		
请在下面你认为符合自身情况的项目评级打"√"		优秀 （5 分）	良好 （3 分）	一般 （1 分）
指数	我能理解并说出 n 次方根、根式、分数指数幂的概念			
	我能正确运用根式运算性质和有理指数幂的运算性质进行简单的运算			
	我理解根式与分数指数幂的关系，并会对两者进行互化			
指数函数	我能理解指数函数的概念，能画出具体指数函数的图象			
	我能通过图象归纳出指数函数的性质，并在理解的基础上，应用所学知识解决简单的数学问题			
对数	我了解了对数、常用对数、自然对数的概念			

续 表

请在下面你认为符合自身情况的项目评级打"√"		优秀 (5分)	良好 (3分)	一般 (1分)
对数	我能在理解的基础上，会用对数的定义进行对数式与指数式的互化			
	我了解和掌握了对数的性质，会求简单的对数值			
对数函数	我能理解对数函数的概念，并借助列表描点的方法画出函数图象，并能在观察图象的过程中，对函数的性质进行总结			
	我能借助图象理解与掌握对数函数的性质，能初步运用性质解决问题			
	我能理解反函数概念和性质，并清楚同底的指数函数和对数函数互为反函数			
	我能结合具体函数图象，总结一次函数、指数函数、对数函数的增长差异，了解"直线上升""对数增长""指数爆炸"的含义，并能运用函数的增长差异，选择适当的函数模型			
函数的应用（二）	我理解并掌握了函数的零点、方程的根与图象交点三者之间的关系，并能使用零点存在性定理对函数的零点所在的大致区间进行判断，能使用函数单调性及图象对零点个数进行判断			

续 表

请在下面你认为符合自身情况的项目评级打"√"		优秀 (5分)	良好 (3分)	一般 (1分)
函数的 应用 （二）	我能掌握二分法的概念，并使用该方法进行求解			
	我了解模型求解过程，体验了数学建模的基本步骤			
总评分	满分75分	个人得分		

表 4 - 3 - 4　合作学习学生组内互评表

合作学习学生组内互评表				
课题名称：				
班级：		评价人：	被评价人：	
小组成员：				
请在下面你认为符合被评价同学表现的地方打"√"		优秀	良好	一般
参与态度	能积极参与小组合作学习			
	能努力完成小组分工的任务			
分享合作	善于倾听同伴的观点			
	能主动提出问题或想法			
	能与同伴一起探讨问题和解决方案			
	乐于与同伴分享研究结果			
交流表达	能清楚地表述自己的观点			
	能对同伴的观点进行判断、分析、质疑			

第四节　高中数学单元教学整体生成策略的实施条件

一、教学内部条件

教师是高中数学单元教学整体生成策略实施中最重要的因素。教师的教学理念、品格修养和学科素养是最重要、最有价值的东西，教育改革的成败取决于教师的所思所为[①]。

（一）教师层面

1. 教师应深度理解"整体生成"的内涵

在每个教师的内心深处，都隐藏着某种根深蒂固的关于教学、学习、学生、知识的理解，某种意义上来说，这就是教师的个体教学哲学。教师个体教学哲学一旦形成，不仅会隐性地、长期地发挥作用，而且会对新的异质教学理念形成"天然的"阻抗防御机制。可见，教师从理念的接受到行动的转身是一个由外到内、由内至外的转变过程，大致要经历学习理解→认同内化→创新生成→外化实践等环节。从最初的理念认同到最终的行为实践，中间要历经一个较为曲折复杂的心理历程。可见，

---

① 迈克尔·富兰. 教育变革新意义［M］. 赵中健，陈霞，李敏，译. 北京：教育科
　学出版社，2005：121.

实施高中数学单元教学整体生成策略，教师作为不可或缺的教学主体之一，没有经历对于"整体生成"理念的学习理解与认同内化的过程，就无法有效推进教学变革，遑论实现学生的可持续发展学习素养教学。因此，教师转变教学观念，发自内心真正认同整体生成策略，是当前推进高中数学单元教学变革最重要的基础。

2. 有较高的数学素养

布鲁纳认为："如果教师自己都看不到数学的内在美和威力，那他就不可能点燃他人对这门课程的内在激情。一个自己都不愿或不会使用直觉思维的教师，他不可能有效地鼓励学生来运用直觉。"国际教育成就评价协会（The International Association for the Evaluation of Educational Achievement，简称IEA）于2008年组织的TEDS – M项目（Teacher Education and Development Study – Mathematics）研究发现：TEDS – M项目中各国数学教师的教学知识排名顺序与各个国家的学生在TIMSS（The Trends in International Mathematics and Science Study）2007中的数学成绩排名顺序基本一致。因此教师的数学素养直接决定着其教学水平，对于高中数学单元教学来说，教师的数学素养更加重要。当前，应重在从以下三方面提高教师的数学素养。

第一，整体把握高中数学体系。整体地把握高中数学体系，是理解高中数学的基点。是否有贯穿高中数学内容的"主线"或说基本脉络？如果有，这些"主线"是什么？一方面，在高中数学课程中，函数思想、运算思想、几何思想（把握图形的能力）、算法思想、统计思想等等，这些都是贯穿高中数学课程始终的东西，构成高中数学的基本脉络。另一方面，这些思想之间联系密切。它们像一张无形的网，把高中数学课程的所有内容有机地联系起来，抓住了这张网，就可以更好地掌握数学课程。著名数学家华罗庚先生常常说，既要能把书读厚，又能把书读薄。读厚，就是要把每一逻辑关系，每一个细节搞清楚，想清楚；读薄，就是能抓住课程的主线和基本脉络，抓住课程的内在联系，形成整体认识。

第二，对数学知识的深度理解。华罗庚先生认为，所谓"真懂"，不仅要懂书上的逻辑推理，更要懂在没有定律（或定理）之前，该怎样获得它；要经过咀嚼、消化，理解其中的中心环节、提炼出关键性问题。为了有效地指导学生研究数学，设置数学课堂"问题链"，教师应深度理解数学，即应理解知识的产生背景与固着点、理解知识的生长过程与生长阶段、理解知识建构的思维方法和数学思想方法、理解知识间的联系与结构、理解知识的要点与本质。

第三，对数学教育价值的理解。比数学知识更重要的是数学的精神、思想、方法，数学的研究精神、发明发现的思想方法、大脑的数学思维训练是数学教育的真正价值之所在。当下，教师应更多地站在数学思维、数学文化、数学教育价值的角度认识数学，以摆脱机械解题对思维的禁锢、对教学的禁锢。事实上，这也是教师懂得数学、深度理解数学的重要标志。

3. 教学机智和教学境界

教学机智是指教师面对突变的教育情境所表现的一种敏捷、果断、准确判断和恰到好处地处理问题的能力。在高中数学单元教学整体生成策略实施过程中，应较多采用探究性学习、反思学习等。不同于传统封闭式、程序化、精确性的课堂，整体生成策略下的数学课堂，是充满了情境化、生成性的课堂，是一次充满未知、充满挑战和不确定性的探险之旅，要求教师具备即兴生成的教学机智。教学机智不仅意味着教师独特的处理智慧，更是一种情绪的同理观照。在契机出现之时，教师的回应应该是恰到好处的思维启发与点拨，唯其如此，方能有效引领学生思维从浅层走向深入，高阶思维、愉悦情感才能得以生成。因此，教师的教学机智是保证整体生成策略下的数学课堂教学得以生成乃至良性运行的重要条件。

不仅如此，高中数学单元教学整体生成策略的实施对教师的品行与境界也有很高的要求。为发展学生的素养而教，不仅需要教师有良好的专业素质，更需要教师有淡定的心态、宁静致远的品性、甘于牺牲切身利益的奉献精神。因为一个功利的、浮躁的社会习惯用功利的、眼前看得见摸得着的东西来评价教师，而考试检测的往往是学生对知识与技能的掌握情况，不一定能体现学生的所有数学素养，况且数学素养的培养决非短时期内能够明显见效。因此高中数学单元教学整体生成策略的实施不仅需要教师改变教学习惯与教学行为，还需要教师淡泊名利、仰望星空和守望理想。

（二）学生层面

学生是学习和发展的主体，是单元教学整体生成策略的最终受益者。

1. 建立学生单元学习与评价小组

我们知道，单元学习活动和单元评价的实施是离不开学生单元小组的，事实上，构建良好的学生单元小组，也是有利于单元教学下的课堂教学。

单元学习活动，是以真实情境为载体，以典型任务为内容，开展探究和实践活动进行设计的过程。通过活动，学生可以加强对知识发生发展过程的体验。显然，这种活动不通过学生单元小组是难以实现的，更谈不上效果。

单元评价是指单元教学中使用评估的方法方式，结合教学目标对教学活动以及所应实现的效果进行价值判断的过程。单元评价的核心目标在于掌握教学的反馈信息。学生是多样化的评估活动的参与者和协作者，而且学生之间的互相评价极具可信度，能起到互相学习、敦促的作用，使学生虚心接受他人的意见，激励学生不断奋进，以诚恳的态度对待学习伙伴，形成良好的团队协作精神。学生学习单元小组的构建，无疑使得单元评价中的学生互评环节更容易实现，效果也更好。学生单元小组还可以促进学生之间互帮互学和思维的相互激发，是一种"互惠学习"（reciprocal learning）。这种"互惠学习"，既有优秀生之间的强强联合、共克困难，有后进生之间的相互帮扶、相互鼓励，也有优秀生与后进生之间的"教学相长"。所以，构建良好的学生单元小组，也有利于单元教学下的课堂教学。

学生单元小组须要注意几点。第一，要根据学生学习基础、性别和性格等进行合理分组构建，人数要适当，如果小组人数过多，则有些学生会成为学习的"旁观者"，如果人数太少，又往往达不到思维碰撞与智慧共享的目的。第二，每个学生都是学习的主体、研究的主体，因此每个学生都应平等参与、积极参与。第三，学生单元小组需要不同思维方式、不同见解的相互碰撞与相互启发，不能追求尤其是不能强求思维与见解的一致性。第四，学生单元小组应成为相互信任、相互支持、有共同目标和价值观的研究共同体。

2. 重建学生学习习惯和学习方式

课堂教学的生成有赖于学生主体性的体现。传统的数学课堂"满堂灌"现象较为普遍，部分高中数学教师在日常教学中还在继续习惯"以自我为中心"，忽视学生的发展和学生在学习中的主体地位。学生以听教师讲解和大量解题为主要学习方式，长此以往，学生也形成了主要靠听和记进行数学学习的习惯，学生处于被动状态。因此单元教学整体生成策略所面临的深层次阻力是学生长期以来形成的学习习惯和学习方式。

一方面，笔者提出在高中数学单元教学下的课堂教学活动中应用

"问题链"的教学策略。教师结合教学内容以及目标，通过"问题链"的悉心设计，启发学生进行自主思考、探究，在这一过程中发现问题，提升自身的问题分析以及解决能力，进而深化学生对于所学知识的理解，突显学生的主体性，并设法为学生打造活跃的课堂氛围，使学生乐于积极地参加数学活动，使学生成为课堂的主人翁。高中数学单元教学整体生成策略要求学生发挥主人翁精神，善于主动学习，主动思考，重建学习方式。另一方面，高中数学单元教学整体生成策略的实施过程中，要求学生养成单元预习和自主建构单元知识脉络的学习习惯，只有学生不断地主动思考，主动构建，才能使数学知识整体生成。

所以，整体生成策略倡导学生以自主、合作、研究的姿态学习，倡导学生成为学习权利的主体、学生责任的主体，倡导学生学习习惯和学习方式的重建。

二、教学外部条件

（一）学校管理层赋予教师更多的自主权

教学自主权是外界赋予教师调控教学及相关事务的权利，它是教师有效实施教学的外在支持，获得充分的教学自主权有助于教师形成良好的教育理念和教学态度。安德森认为具有创新性和艺术性的教学需要教师拥有自主权，教师必须有权利按照自己选择的方式来呈现教学材料，灵活地创造、改进或超越自己所教的课程。我国相关法律和学校规章制度对教师的教学权利做出了规定，但是，中小学管理实践中，教师的教学自主权并不受重视，这在一定程度上降低了教师教学的主动性和责任感。为了保证高中数学单元教学整体生成策略的顺利实施，学校管理层应该赋予教师更多的自主权，主要体现在两方面。

第一，在高中数学单元教学整体生成策略的实施过程中，教师应该对教学内容进行重构，教学的时间也应当重置。教学时间是制约高中数学单元教学整体生成策略得以实施的刚性条件。数学单元也是依据国家课程标准开发的教学整合单元，其既对教材进行补充、合并、拓展、替换、整合，又引入教材以外的其他学习资源进行课程创新。随着课程内容的调整，教学时间也要重新进行整体筹划。然而，一学期总的教学时间是不变的，如何更好地保证单元教学时间，确实是一个棘手的问题，需要学校管理者赋予教师更多的自主权，在此基础上，教师才能发挥高超的实践智慧。

第二，学校管理层通常采用容易操作和量化的学生考试成绩来评价教师，如月考等。一方面，数学素养的培养无法在短时期内明显见效，学校管理层不可因短期内成绩没有进步而否定单元教学改革。另一方面，考试检测的往往是学生对知识与技能的掌握情况，而且高中数学考试时间过短，没有为学生提供足够的思考与探究的时间，迫使教师和学生进行强化训练以便达到"自动反应"和"条件反射"的水平。大多数测验考查的是固定的知识和通过机械训练习得的技能，而不是学生的数学素养，这会使许多认真、扎实开展高中数学单元教学的教师在教学评价中不一定有明显优势，进而造成他们不太愿采用整体生成策略。当前应当改变命题与考试的导向，改进命题与考试的技术，构建数学素养导向的学业评价机制。

（二）更好地发挥信息技术的支持功能

信息技术的支持，能更好地发挥高中数学单元教学整体生成策略的育人功能。

当今数学已变得更加实证化、数字化和算法化（algorithmic）。信息技术已经改变并且还在继续改变数学课程与教学。它能够把真实世界的问题带入课堂，为数学课程和教学创造新的机会、提供新的平台；能够帮助教师创建一个富有活力的教学环境，在这个环境里学生不仅可以更好地解决问题，还可以发现他们自己的问题。单元教学下的数学教学情境更真实、更复杂，须要借助信息技术以更好地促进教学生成。

传统数学教学媒体主要有语言、黑板、实物、挂图等，学习的主要工具是纸和笔。现在，借助数字计算器、图形计算器、各种数学软件（电子制表软件、统计分析系统、超级画板、动态几何系统软件、几何画板等）等学习与研究数学，易于得到过去学生难以画出的各种复杂函数的图象，连续的运动变化能得以直观呈现，实验探究、动手操作成了新的学习方式。同时，技术可视化的特点使得数、式、图、表等能直观、动态地呈现，并易于建立知识的多元联系，更好地帮助学生整体构建数学知识体系。

第五章

高中数学单元教学的
实践探索

在理论研究的基础上，在实践中分析所构建的高中数学单元教学整体生成策略的教学适用性和有效性，遵循"深入实践、把握实践、研究实践"的原则与逻辑开展了两轮行动研究，限于篇幅，略去行动的过程，本章提供典型案例并对行动后的情况进行分析与反思。

第一节　高中数学单元教学案例

本节以"指数函数与对数函数"单元教学作为实践案例进行展示，供参考。

一、单元规划

1. 内容

本单元对函数的运算性质、概念以及实践应用等进行了研究，并开设数学建模课堂，研究茶水的温度变化。对数的运算性质是通过指数运算性质证明的，对数函数的概念也是通过指数函数推导而来。换句话说，对指数函数进行研究是研究对数函数的基础。另外，两种函数互为反函数，无论在图象上，还是在性质上，二者既存在一定联系，又存在一定相似之处。两者能从不同方面刻画同类问题的变化规律，相辅相成，不可分割。两者放在一起学习研究，能更好地认识指数函数与对数函数。

2. 地位和作用

指数函数与对数函数是高中学习的两类重要基本初等函数，起到承上启下的作用。在学习本单元前，学生已研究了幂函数，对幂函数的研究方法和过程有了初步的认识。而本单元正是结合学生的现有学习基础，对两种函数进行了介绍，强化了研究函数的思想方法，加深学生对函数研究的体验，所以起到承上的作用。作为两类重要的基本初等函数，为后续研究更为复杂的函数奠定理论基础，其研究方法以及思想也可运用到三角函数的研究中，所以起到启下的作用。

3. 知识结构框图

高中数学单元教学知识结构图如图 5 - 1 - 1 所示。

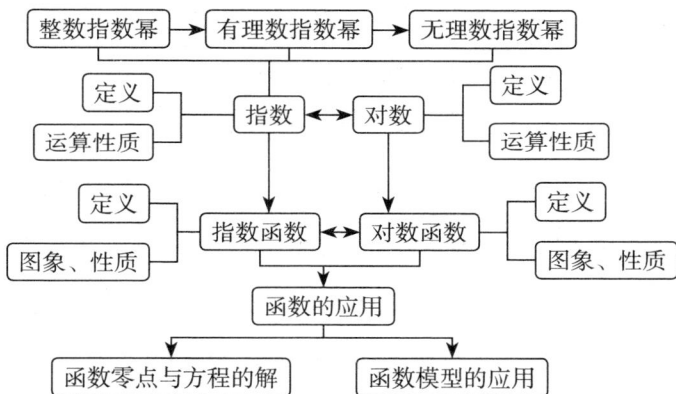

图 5 - 1 - 1　知识结构框图

二、单元内容分析

指数函数和对数函数是高中学习中两类重要的基本初等函数。在单元的开头中，强调使学生调用已有的关于幂函数的学习经验，迁移到对指数、对数函数的学习中，了解其概念等方面的知识，并利用这两类函数建立数学模型解决实际问题。

数及其运算的产生和发展是推动数学发展的重要源泉和动力。所以在研究指数函数和对数函数前，都介绍了数的运算。在关于指数函数的单元教学中，本单元优先从整数指数幂过渡到有理数指数幂，再过渡到实数指数幂，构建实数指数幂的概念，并对其运算方式进行研究，为指数函数的学习起到良好的铺垫作用。对于对数函数，本单元通过举例说明引出对数的作用，构建与指数运算的关系，基于对概念的介绍，结合指数的运算性质，推理及证明，建立起对数的运算法则。

与幂函数一样，我们可以按照"背景→概念→图象和性质→应用"的路径介绍指数函数和对数函数，体现函数研究的一般思路。对于指数函数，以两地景区游客流量变化的问题为例，通过与一次函数直线增长的对比，引入指数函数，突出指数函数爆炸性增长的特点。再以碳14的衰减问题为例，介绍指数函数衰减的特点，以帮助学生更好地把握指数函数的变化规律。在此基础上继续用碳14衰减问题来分析对数函数，对两种函数分别从不同维度的相同问题的发展规律进行了刻画。并在度数相同的情况下，对两种函数的对应关系进行对比，认识两种函数的关系。在完成以上两种函数的学习以后，结合图象采用一目了然的方式对以上两种函数以及线性函数的特点与差异进行对比分析，引导学生体会从增长特点出发选择函数模型刻画实际问题变化规律的方法。在此基础上，介绍指数函数与对数函数的实际应用，体会两类函数在生活中的重要性。最后，开设单元学习活动和数学建模课堂，引导学生动手操作，通过研究茶水温度变化等，体验数学解决实践问题的过程，激发学习兴趣。

基于以上分析，本单元的重点是实数指数幂及其运算，对数及其运算，两种函数的概念、图象、性质及其应用。

对两种函数的概念以及性质进行抽象的概括、总结是本单元的教学难点。由于学生需要通过对各种思维活动的观察等，通过具体的问题和图象加以总结、推导，明确其本质，进而掌握相关概念和性质，所以在这个过程中学生有可能会遇到困难。例如，根据实例中某景区最近几年的游客人次，经过运算发现变化规律，并结合碳14衰减的解析式，抽象出指数函数的概念；在碳14衰减实例的基础上，进一步对生物死亡时间进行探究，通过推导得出生物死亡时间与碳14含量的函数解析式，进而掌握对数函数的概念；结合两种函数绘制一些具体的图象，并以特殊图象为切入点，通过观察分析，总结这些图象的共同特点，从而抽象概括出指数函数和对数函数的一般性质。

突破本单元难点的关键是利用好实例和问题，引导学生计算、推理、归纳并概括指数函数和对数函数的概念及其性质，要特别注意让学生通过观察具体的指数函数、对数函数的图象，发现共性，归纳共同特征，并在此基础上抽象出指数函数、对数函数的性质。

三、单元目标和目标分析

1. 单元目标

（1）通过对有理数指数幂 $a^{\frac{m}{n}}$（$a>0$，且 $a\neq1$；m，n 为整数，且 $n>0$）、实数指数幂 a^x（$a>0$，且 $a\neq1$；$x\in\mathbf{R}$）概念的认知，掌握指数幂的延伸规律以及运算性质。

（2）结合实例帮助学生掌握指数函数的概念及其实际意义。能使用描点法等方法绘制出具体的指数函数图象，对函数的单调性以及特殊之处建立相应认知。

（3）掌握对数的概念及其运算性质，知道使用换底公式能将一般对数转变成自然或常用对数。

（4）结合实例掌握对数函数的概念。能使用描点法等方法绘制该函数的图象，分析并了解该函数的单调性与特殊点。掌握对数函数与指数函数的关系。

（5）结合两种函数的图象，对函数的零点与方程解的关系形成深入了解。

（6）结合具体连续函数及其图象特点，掌握函数零点存在定理，掌握使用二分法的求解思路，并学会绘制程序框图，能使用这种方法进行求解并对其一般性建立认知。

（7）理解"对数增长"等术语的现实含义，在生活情境中，能选用合适的函数类型来揭示生活问题的发展规律。

2. 目标分析

达成上述单元目标的主要表现如下。

（1）能说出有理数指数幂以及无理数指数幂的实际意义，运用性质计算一些简单的指数幂运算，能绘制函数图象，进行分析并归纳函数的性质。

（2）能证明对数的运算性质，并做简单的计算。通过描点绘图，画出对数函数的图象，并结合图象性质，概括对数函数的性质。

（3）会将指数函数与对数函数放在一起对比，分析两种函数的共同点以及差别，了解二者的关系。通过观察两种函数的图象发现两个图象关于直线 $y=x$ 对称。

（4）能说出函数图象与 x 轴交点横坐标、函数零点与相应方程的根这三者之间的关系。并会用零点存在定理说明根的存在情况以及二分法求近似根。

（5）会通过对数函数、线性函数、指数函数增长速度的差异，选择合适的函数类型刻画现实问题的变化规律。

四、单元教学问题诊断分析

本单元研究指数函数与对数函数，这是高中最基本的两类初等函数，在研究这两类函数的时候，可通过技术方法的使用来改善传统教学方法的缺陷，以更加直观的方式来展示函数，进而帮助学生更好地掌握重难点知识，帮助教师攻克教学难关，高效地开展课堂教学。虽然学生已通过之前的学习了解了幂函数的性质，但在对指数函数、对数函数的性质进行分析时，仍须学生自行选择具体的函数。必要时，教师可引导学生利用信息技术进行探索，借助几何画板将函数底数的变化过程展示出来，或者借助函数底数的变化以更加一目了然的方式帮助学生更好地观赏函数底数对其单调性的影响。在本单元的教学中，应多结合课本上的例子，阐明学习两种函数的意义。在对对数函数及其运算进行分析时，强化指数与对数的联系，引导学生迁移应用，得出对数有意义的条件。并通过对生活实例的分析，让学生了解到指数函数与对数函数可以从不同方面刻画一件事情。在教学的过程中，引导学生多画图，运用数形结合的思想解决指数函数与对数函数的实际问题，让学生了解到对数函数与指数函数互为反函数。

在不同函数增长差异的学习过程中，由于同时比较一次函数、指数函数、对数函数这三个函数，容易对学生造成干扰，所以借助一次函数作为参照函数，分别对比一次函数与指数函数、一次函数与对数函数的增长差异。增长差异是对函数单调性的进一步深化，是对函数性质学习的深入。在此前的学习中，没有对比地研究多个函数，因此这个研究过程和方法是个难点。

本单元的教学难点是对底数的分类，由图象、解析式归纳指数函数的性质。基于与指数函数的比较分析，归纳出对数函数的性质。对各函数之间单调性的增长差异进行进一步研究，并用增长差异选择适合的模型解决生活中的实际问题。

五、教学支持条件分析

1. 教学方法分析

以学生为主体，采用分组讨论、任务驱动式教学，精讲精练。

2. 教学辅助媒体分析

黑板：板书展示重要概念、图象和性质及计算公式。在解决实际问题一课中，强调解题的规范性。

软件：借助几何画板，研究两种函数的底数对其单调性的影响，底数与函数图象的关系。研究几类函数的增长差异，化抽象为具体。

六、单元起始课设计

"指数函数与对数函数"单元起始课教学设计①。

根据整体生成策略对起始课的功能定位，明确了以下教学目标。

通过对"大背景"的介绍，帮助学生了解学习本单元的原因，通过提出"大问题"，帮助学生了解本单元学习所解决的核心问题。通过"大框架"的构建，帮助学生梳理本单元教学的学习内容和基本学习方法。基于"大观念"的明确，帮助学生了解本单元的学习方法及使用这些学习方法的原因。

（一）揭示大背景，提出大问题

背景 1：掌握运算是进行函数研究的基础，而数及其运算能为数学发展提供动力源泉，是数学学习的基础。指数幂与对数运算是两种基本运算，二者存在密切联系，需要转化成指数幂运算，因此，熟练掌握指数幂运算是本单元的基础。

（针对本节知识内容和学生认知水平而言，初中已经学习了整数指数幂、平方根和立方根等知识，有了这些储备知识作为生长点，就可以再一次回顾由正整数指数幂到整数指数幂的扩充过程，随后，一个非常自然的想法就是将整数指数幂推广到有理数指数幂，再进一步推广到实数指数幂，也将平方根、立方根推广到 n 次方根，并找到 n 次方根与分数指数幂的关系。）

———————

① 此处参考了惠州一中郑佳聪老师的设计。

　　背景2：教科书章引言一方面指出了章头图（图5-1-2）所蕴含的数学模型，另一方面还结合实例来分析这些数学模型，进而指出本章将参照幂函数的研究方法，帮助学生将已有学习经验迁移到指数函数以及对数函数的学习中，使学生掌握两种函数的概念基本性质，能对其函数图象进行分析研究，绘制图象，并能对以上初等函数进行对比，使用这些函数解决现实问题。

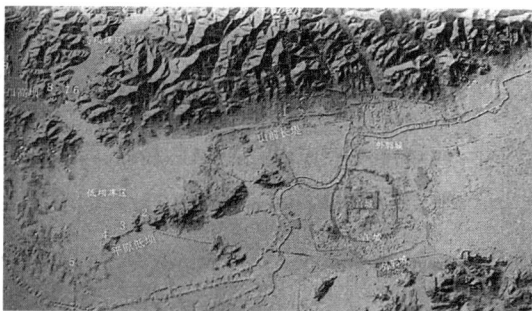

图5-1-2　章头图

　　背景3：本单元具体研究幂函数、指数函数、对数函数这三种核心函数。在高中的教学中，这是对函数学习的第二阶段，旨在使学生通过这一阶段的学习，较为全面地掌握函数知识，并具备函数应用意识，为后期学习起到良好的奠基作用，并能使学生改变对函数的感性认知，渐渐向理性的方向发展。由此可见，本单元的教学起到了一定的过渡作用，本单元所提到的核心思想方法，能为学生掌握基本的数学语言、形成牢固的知识基础起到关键作用。

　　本单元的大问题：从整数指数幂过渡上升转化到分数指数幂的数学抽象须逐步培养，学生的知识量还不足以支撑他们非常清晰地理解。应通过根式与分数指数幂之间的相互转化培养数学抽象核心素养；利用逻辑推理理解分式指数幂的含义；正确运用根式的运算性质进行根式的运算，提升数学运算核心素养。

设计说明：

（1）本质上，指数幂运算以数的自乘为主，将这种运算推广到有理数指数幂运算的本质就是使用新的运算符号表示根式运算和分式运算（负数指数幂运算），简而言之就是从一个符号的规定再到另一个符号的规定。只要能够准确进行两种运算符号的转化即可。而有理数指数幂这种数学运算符号表示的简洁性、运算的便捷性都优于分式和根式，这一符号的产生具有其必然性。比如：a 与 b 的算术平均数为 $\frac{1}{2}(a+b)$，几何平均数为 $(ab)^{\frac{1}{2}}$，可理解为运算级的上升。事实上，从 16 世纪数学家斯蒂文尝试用分数对应根式开始，历经 17 世纪牛顿用有理数指数幂符号表示根式，直至 18 世纪欧拉明确给出定义，这一表示法才被人们普遍接受和使用。指数幂运算的发展史充分说明基于数学语言的简洁性、准确性和合理性，有理数指数幂运算符号的产生与完善是有其历史必然性的。在研究幂函数时把正方形场地的边长 c 关于面积 S 的函数 $c=\sqrt{S}$ 记作 $c=S^{\frac{1}{2}}$ 引出分数指数幂的表示法。数学中，引进一个新的概念或法则时，总希望它与已有的概念或法则相容，于是从根式的意义入手，将正整数指数幂转化为被开方数的指数能被根指数整除的根式，推广到被开方数的指数不能被根指数整除的根式，又为了整数指数幂的运算能与其相容，于是只规定了被开方数为正数的分数指数运算。事实上，分数指数幂是根式的一种新的表示方法，其表示的简洁性、运算的便捷性都优于根式。而负数为被开方数的分数指数幂是需要扩充到复数空间研究的，不能用根式解释，故此时讨论 $(-2)^{\frac{2}{3}}$ 之类的问题也是没有意义的。因此本节课的教学重点是根式与有理数指数幂的意义及运算性质。

（2）教科书章头图是良渚遗址。通过章引言，指出生物体没有生命迹象以后，体内碳 14 的含量会不断衰减，引出本单元将要学习的指数函数。在实际应用中，往往是先通过技术手段测出死亡生物体内碳 14 的含量，然后根据指数函数建立生物体内碳 14 的含量与死亡时间的关系，并利用对数和对数函数推算生物死亡的大致时间，从而实现考古目的。由于死亡生物体内碳 14 的含量随时间连续变化，说明引进分数指数幂和无理数指数幂的必要性，并为指数函数的定义域是实数集提供了现实背景。

（3）通过对"函数概念与性质"的学习，学生已具备一定的知识基础。学生在学完本单元的教学内容以后，能对函数形成更加深刻的理解，丰富函数的含义，再次领悟对函数进行研究的一般思想方法。对函数模型在刻画变量之间关系上所发挥的作用建立认知，从而能够将本单元所学知识用于实践中，能够学以致用，使用所学知识解决现实生活中的问题，锻炼学生的数学思维，加强学生的问题解决能力。

总的来说：①背景的作用在于明确学习本单元教学内容的目标；②只看到单一的背景而对其他背景一无所知是片面的，会对学生大框架的建立带来负面影响；③大问题是指本单元教学中的核心问题，其他问题均是由该问题衍生而来；④大问题的作用在于通过明确"学习内容"来为本单元的学习起到一定的引领作用，而非解决问题。

（二）建立大框架形成大思路

这一环节旨在将前文提及的大问题进行逐一分解，转变为小问题，从而构建一个较为完整的"问题链"。

1. n 次方根是怎样定义的？

2. 根式的定义是什么？它有哪些性质？

3. 有理数指数幂的含义是什么？

4. 怎样理解分数指数幂？

5. 有理数指数幂有哪些运算性质？

事实上，前面的大问题蕴含着以下问题：虽然学生已经掌握了整数指数幂的概念及其运算性质，并在学习幂函数的过程中接触过二次根式的分数指数幂的符号表示，但是由于 n 次方根及有理指数幂比较抽象，学生理解起来还是有困难。

因此本节课教学难点是理解根式及分数指数幂的定义，及有理数指数幂的运算性质。

通过复习平方根、立方根的定义，然后类比出 n 次方根，采用类比的方法总结出 n 次方根的一般定义与性质。本质上，n 次方根是平方根、立方根性质的延伸。在教学阶段，可基于平方根、立方根等进行阐明，使学生对这种性质形成深刻理解。在指数概念的基础上，分数指数进行了进一步延伸，在教学实践中，应结合实例来帮助学生掌握分数指数幂的含义，了解它是根式的一种不同写法，并借助根式与分数指数幂的互相转化将负数与分数指数幂区别开来，更好地掌握有理数指数幂的相关知识。

设计说明：（1）由于学生的认知基础以及能力存在一定局限性，因此通常情况下，我们无法建立成熟的大框架和大思路，但仍应尽可能地建立，以免陷入思维盲区；（2）应通过教师与学生的互动交流来构建大框架、形成大思路，因此，教师应竭尽所能地反映教学内容的前后联系；（3）这个环节旨在解决学习内容的问题，明确学习框架以及方式；（4）应结合学生的学习情况，不断调整大框架以及大思路。

（三）形成大策略

策略 1：经历 n 次方根定义形成过程，理解根式的意义，掌握根式的性质。

策略 2：了解分数指数幂表示的特点，能使用正确的解析式在根式与分数指数幂间互相转化。

策略 3：掌握有理数指数幂的含义，掌握其运算性质，并通过初步应用提升数学运算核心素养。

达成如上目标的标志如下。

（1）学生能从平方根、立方根的概念学习过程中，归纳出一个数的 n 次方根定义，并能结合具体的例子理解 n 次方根的含义，及 $\sqrt[n]{a^n}$ 在 n 为奇数和偶数时化简的结果，特别是 n 为偶数时的情况。

（2）学生通过将正整数指数幂转化为被开方数的指数能被根指数整除的根式，推广到被开方数的指数不能被根指数整除的根式，再进一步分析这一运算法则规定的合理性，通过根式与分数指数幂的互化，理解分数指数幂的意义。

（3）学生能正确地完成根式及有理数指数幂的化简运算。

策略 1：归纳、抽象。经历 n 次方根定义形成过程，理解根式的意义，掌握根式的性质。并且在数学研究中，往往会用到这种思维方法。

策略 2：类比。由于在任何运算系统，都会涉及数和数的运算，这就需要通过对这两种元素的类比，来获得灵感以更好地解决问题。

策略 3：回归现实。使学生对变量数学形成深刻认识，使学生了解到，在不断变化的现实世界中，有一类指数、对数函数相关的数量关系，这种关系能揭示我国经济的增长等运动变化的数量关系。数学源自现实生活，它揭示了客观世界的事物本质、关系以及发展规律，因此在对数学进行研究时，往往会回归现实来获得启示。

策略 4：数形结合是指基于对"形"的观察，形成使用"数"进行运算的思维方法。

策略 5：完备化、一般化、特殊化。n 次方根与分数指数幂相关概念与性质的学习，是进一步学习指数函数的基础和保证，指数函数是以指数作为自变量的一类重要的函数，其定义域是实数集，因此我们非常有必要将初中所学整数指数幂顺理成章地推广到实数指数幂。

设计说明：（1）由于学生的认知基础以及能力存在一定局限性，因

121

此通常情况下，我们快速建立成熟的大框架和大思路，并有完整的解决问题的策略与方法，但我们应慎重思考后建立，而非一味冒进。这既反映了数学的理性精神，也是培养数学理性精神的核心渠道。（2）应通过教师与学生的互动交流来构建大框架、形成大思路，因此，教师应竭尽所能地对教学活动经验进行总结，揭示使用这种方法的原因，明确采用这种策略的具体思路。（3）要想使学生切实进行探究性学习，改变学生跟着教师走的现状，就应明确大问题、大框架、大观念、大策略，为学生的自主进行探究性学习提供良好的学习环境。（4）这一环节的核心在于解决"学习方法"的问题。

应用案例：

"认识平方根"教学设计

一、概念的形成

（一）创设情境，引发思考

实际情境：某种细胞分裂时，由 1 个分裂成 2 个，2 个分裂成 4 个，4 个分裂成 8 个……对细胞分裂过程进行观察，1 个细胞分裂 x 次后，所得细胞个数 y 与 x 的函数关系式是什么？

同学们观察细胞分裂的过程，得到细胞分裂次数 x 与相应细胞个数 y 的关系：$y = 2^x$。

设计意图：创设细胞分裂的数学情境，这样的导入贴近学生的实际生活，引起学生极大的兴趣。用这一实例，借助实际意义让学生感受"求指数幂"的问题是自然、清楚、明白的。

问题情境：在上面问题中 x 只能取正整数，而对于式子 2^x，x 取负数整数或零也有意义，那么 x 能否取分数呢？

设计意图：引发学生思考，讨论指数能否进一步推广到分数指数幂，引出课题。

（二）探究典例，形成概念

问题1：（1）16 的平方根是什么？任何一个实数都有平方根吗？一个数的平方根有几个？（2）−27 的立方根是什么？任何一个实数都有立方根吗？一个数的立方根有几个？（3）如果 $x^3 = a$，$x^4 = b$，$x^5 = m$，参照上面的说法，这里的 x 分别叫什么名称？

活动1：让学生计算，并思考讨论，进行总结归纳。

预设的答案：± 4；−3；x 是 a 的立方根，x 是 b 的 4 次方根，x 是 m 的 5 次方根。

活动预设：感受在求平方根、立方根，判断个数的过程中，立方根可以直接写出结果，平方根有两个，同学们容易漏掉负的平方根。

设计意图：让学生计算，类比平方根、立方根的概念，引导学生归纳得出 4 次方根、5 次方根，为引入 n 次方根的概念做铺垫。

教师讲授：一般地，如果 $x^n = a$，那么 x 叫做 a 的 n 次方根，其中 $n > 1$，且 $n \in \mathbf{N}^*$。

设计意图：推广到一般情形，理解 n 次方根所表示的含义，并且在探究特例的基础上，遵循从具体到抽象的思路，形成 n 次方根概念。

活动2：求值。

（1）−8 的立方根 =_____；　（2）16 的 4 次方根 =_____；

（3）32 的 5 次方根 =_____；　（4）−32 的 5 次方根 =_____；

（5）0 的 7 次方根 =_____；　（6）a^6 的立方根 =_____。

预设的答案：−2，± 2，2，−2，0，a^2。

活动预设：学生在求 n 次方根的过程中，大部分可以快速正确写出结果，有的却不好表示。

设计意图：通过变式训练，巩固 n 次方根的概念，让学生体验从抽象再到具体的思想。

问题2：（1）一般地，当 n 为奇数时，实数 a 的 n 次方根存在吗？有几个？如关于 x 的方程 $x^3 = a$，$x^5 = a$ 分别有解吗？（2）一般地，当 n 为偶数时，实数 a 的 n 次方根存在吗？有几个？如关于 x 的方程 $x^4 = a$，$x^6 = a$ 分别有解吗？有几个解？

预设的答案：当 n 为奇数时，实数 a 的 n 次方根存在，方程有一个解。当 n 为偶数时，$a > 0$，方程有两个解；$a = 0$，方程有一个解；$a < 0$，方程无解。

设计意图：引入 n 次方根概念后，进一步让学生思考 n 次方根的有解问题，引导学生用分类讨论的思想解决问题，为引入根式符号表示 n 次方根做铺垫。

教师讲授：式子 $\sqrt[n]{a}$ 叫做根式，这里 n 叫做根指数，a 叫做被开方数。

读法：a 的 n 次方根；n 次根号下 a；a 开 n 次方。

设计意图：形成根式的概念，同学们熟练根式的三种读法。

问题3：（1）$(-2)^3 = -8 \Rightarrow -2 = \sqrt[3]{-8}$；$(-2)^5 = -32 \Rightarrow -2 = \sqrt[5]{-32}$；$x^5 = 11 \Rightarrow x = \sqrt[5]{11}$. 观察思考，你能得到什么结论？

（2）$(\pm 2)^2 = 4 \Rightarrow \pm 2 = \pm\sqrt{4}$；$(\pm 3)^2 = 9 \Rightarrow \pm 3 = \pm\sqrt{9}$；$(\pm 2)^4 = 16 \Rightarrow \pm 2 = \pm\sqrt[4]{16}$；$x^6 = 12 \Rightarrow x = \pm\sqrt[6]{12}$. 观察思考，你能得到什么结论？

预设的答案：当 n 为奇数时，正数、负数的 n 次方根分别为正数、负数，a 的 n 次方根用符号 $\sqrt[n]{a}$ 表示。当 n 为偶数时，正数的 n 次方根有两个，并且二者互为相反数，记为 $\pm\sqrt[n]{a}$。负数无偶次方根。0 的任何次方根都是0。

设计意图：通过探究活动，思考交流，让学生发现规律，总结归纳 a 的 n 次方根的性质。让学生体会分类讨论的数学思想，类比立方根的情况，得到奇次方根的性质，类比平方根，得到偶次方根的性质。

问题4：$(\sqrt[3]{2})^3$，$(\sqrt[5]{-2})^5$，$(\sqrt[4]{2})^4$ 分别等于什么？

预设的答案：2，-2，2

设计意图：学生计算思考，根式的概念源于方根的概念，根据 n 次方根的意义就能得到常用的等式 $(\sqrt[n]{a})^n = a$。

问题5：$\sqrt[n]{a^n}$ 表示 a^n 的 n 次方根，等式 $\sqrt[n]{a^n} = a$ 一等成立吗？如果不成立，那么 $\sqrt[n]{a^n}$ 等于什么？计算 $\sqrt[3]{5^3}$，$\sqrt[5]{(-9)^5}$，$\sqrt{(-25)^2}$，$\sqrt[4]{(a-b)^4}(a > b)$，$\sqrt[4]{(a-b)^4}(a < b)$，你能得出什么结论呢？

预设的答案：5，-9，25，$a - b$，$b - a$。

设计意图：$\sqrt[n]{a^n} = a$ 是否对任意的正整数 n 都成立，是不能由 n 次方根的意义直接得出的，因此安排一个探究活动，在具体的教学活动中，可以让学生多从具体实例中自己探究、归纳得出结论：当 n 是奇数时，$\sqrt[n]{a^n} = a$；当 n 是偶数时，$\sqrt[n]{a^n} = |a| = \begin{cases} a, & a \geq 0, \\ -a, & a < 0。 \end{cases}$

问题6：观察下列式子的变形。

$$\sqrt[5]{a^{10}} = \sqrt[5]{(a^2)^5} = a^2 = a^{\frac{10}{5}} \ (a > 0)$$

$$\sqrt[4]{a^{12}} = \sqrt[4]{(a^3)^4} = a^3 = a^{\frac{12}{4}} \ (a > 0)$$

你能得出什么结论？

设计意图：让学生观察式子，思考回答，总结一般结论：当根式的被开方数的指数能被根指数整除时，根式可以表示为分数指数幂的形式。

问题7：当根式的被开方数的指数不能被根指数整除时，根式是否也能表示为分数指数幂的形式呢？

$$\sqrt[3]{a^2} = a^{\frac{2}{3}} \ (a > 0)$$

$$\sqrt{b} = b^{\frac{1}{2}} \ (b > 0)$$

$$\sqrt[4]{c^5} = c^{\frac{5}{4}} \ (c > 0)$$

上述三个等式正确吗?

设计意图：引发学生思考，为引入正分数指数幂做铺垫。

教师讲授：规定正分数指数幂的意义，即

$$a^{\frac{m}{n}} = \sqrt[n]{a^m}\ (a>0,\ m,\ n\in \mathbf{N}^*,\ n>1)。$$

例如 $a^{\frac{1}{2}} = \sqrt{a}$，$a^{\frac{1}{3}} = \sqrt[3]{a}$，$a^{\frac{2}{3}} = \sqrt[3]{a^2}$。那么 $a^{-\frac{m}{n}}$ 等于什么?

因为 $a^{-1} = \dfrac{1}{a}$，所以 $a^{-\frac{m}{n}} = \dfrac{1}{a^{\frac{m}{n}}} = \dfrac{1}{\sqrt[n]{a^m}}$，

规定正分数指数幂的意义，即 $a^{-\frac{m}{n}} = \dfrac{1}{\sqrt[n]{a^m}}\ (a>0,\ m,\ n\in\mathbf{N}^*,\ n>$

1)。

注：0 的正分数指数幂等于 0，

　　0 的负分数指数幂没有意义。

整数指数幂的运算性质也适用于分数指数幂，具体如下。

$$a^r a^s = a^{r+s}\ (a>0,\ r,\ s\in\mathbf{Q})$$

$$(a^r)^s = a^{rs}\ (a>0,\ r,\ s\in\mathbf{Q})$$

$$(ab)^r = a^r b^r\ (a>0,\ b>0,\ r\in\mathbf{Q})$$

设计意图：形成分数指数幂的概念，并使指数的范围从整数推广到了有理数；给出了有理数指数幂的运算性质。

二、初步应用，理解概念

例 1：求下列各式的值

(1) $\sqrt[3]{-64}$；　　　　　　　　(2) $\sqrt{(-2)^4}$；

(3) $\sqrt[3]{(-8)^3}$；　　　　　　　(4) $\sqrt[4]{(3-\pi)^4}$。

预设的答案：-4，4，-8，$\pi-3$。

设计意图：通过练习，巩固 a 的 n 次方根的性质的应用。

例 2：化简 $\left(\sqrt{a-1}\right)^2 + \sqrt{(1-a)^2} + \sqrt[3]{(1-a)^3}$。

预设的答案：由 $a-1 \geqslant 0$，所以 $a \geqslant 1$

则 $\left(\sqrt{a-1}\right)^{2} + \sqrt{(1-a)^{2}} + \sqrt[3]{(1-a)^{3}} = a-1 + |1-a| + 1-a$

$$= a-1 + a-1 + 1-a = a-1.$$

设计意图：进一步巩固 a 的 n 次方根的性质的应用，区分 $\left(\sqrt[n]{a}\right)^{n} = a$ 和 $\sqrt[n]{a^{n}} = |a|$ 两个公式。

例 3：求值

(1) $8^{\frac{2}{3}}$；　　　　　　　(2) $25^{\frac{1}{2}}$；　　　　　　　(3) $\left(\dfrac{16}{81}\right)^{-\frac{3}{4}}$.

预设的答案：4，5，$\dfrac{27}{8}$。

例 4：用分数指数幂的形式表示下列各式

(1) $a^{2} \cdot \sqrt[3]{a^{2}}$；　　　　　　　(2) $\sqrt{a\sqrt[3]{a}}$.

预设的答案：$a^{\frac{8}{3}}$，$a^{\frac{2}{3}}$。

设计意图：通过一些具体的根式与分数指数幂的互化，巩固、加深对概念的理解。

三、归纳小结，文化渗透

设计意图：梳理本节课的知识点。

七、课时教学设计

限于篇幅以"指数函数的概念"和"对数函数及其性质"教学设计为例。

"指数函数的概念" 教学设计

一、教学内容分析

本次教学内容围绕指数函数的概念展开，通过实际问题形成概念，这对指数函数图象性质进行研究起到一定的铺垫作用。

二、教学目标

通过旅游人次增长和生物体碳 14 衰减实际问题情境，运用 Excel 软件辅助数据分析和构图，经历指数增长和指数衰减变化规律的发现过程，形成指数函数概念，从形式、内涵两个方面对概念形成深刻理解，从抽象思维、建立数学模型、数据分析三个层面提升学生的学科素养。

三、教学重难点

重点：指数函数概念。

难点：指数函数概念形成过程。

四、教学方法

问题链探究教学。

五、教学过程

（一）问题情境

问题 1：在国民经济高速发展的形势下，民众的生活质量不断改善，旅游渐渐成为众多家庭的重要生活方式。因旅游人数不断增加，自 2001 年以后，A，B 两地景区采用了不同的对策，A 地提高了景区门票价格，而 B 地则取消了门票，2001—2015 年两地景区的游客人次增长存在差异。

设计意图：通过生活实际情境，引导小组交流讨论，培养学生的数学思维能力，使学生善于发现问题，并思考问题，积极寻找解决方案，形成对数据分析过程的切身体验。教师引导总结方案，调查统计分析，给出 2001—2015 年两地游客人次和年增加量表格，进一步引导小组交流讨论分析数据，发现数据背后的统计意义，为了使数据更直观，师生共同借助 Excel 表格绘制散点图，从表格和图象进一步分析变化规律（图5-1-3）。

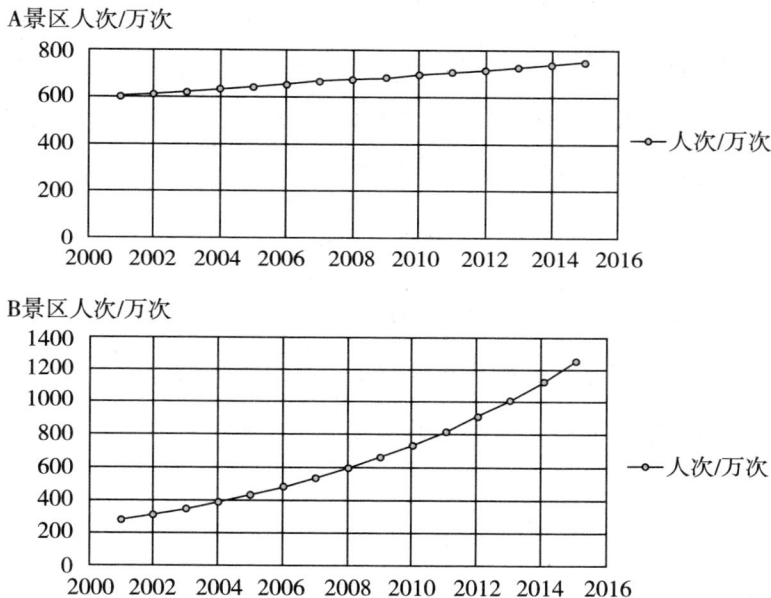

A景区人次/万次

B景区人次/万次

图 5-1-3 景区的游客人次变化图

探究：众所周知，年增加量是对相邻两年的旅游者人次做减法得出。除了采用减法以外，还能使用怎样的方法进行对比分析？是否可以通过对 B 地景区每年的游客人次采用其他运算来揭示其变化规律呢？

设计意图：通过教师合理的引导探究，体验数据分析建模的过程，学生进一步发现指数增长——增长率为常数的变化方式，引入年份 x 和倍数 y，由变化规律趋势，自变量 x 可由正整数推广到非负数，建立函数模型 $y = 1.11^x$，$x \in [0, +\infty)$。

问题2：考古学家如何测定生物体来自哪个年代？

在生物失去生命迹象以后，体内碳14含量会按照每5730年衰减一半的特定衰减率衰减，这一时间被命名为"半衰期"。结合以上变化规律进行分析，生物体内的碳14含量与死亡年数之间存在怎样的关系？

设计意图：通过考古有关问题，培养学生使用数学思维解决问题的能力，使学生产生浓厚的学习兴趣。教师为学生类比问题1起到积极的引导作用，设衰减率为p，生物体碳14含量为1个单位，让学生自主探究，通过建立半衰期有关方程，引出指数衰减——衰减率为常数的变化方式，再设死亡年数x和生物体内碳14含量y，由变化规律趋势，自变量x由正整数推广到非负数，建立函数模型$y = \left(\left(\dfrac{1}{2} \right)^{\frac{1}{5730}} \right)^x$，$x \in [0, +\infty)$。

函数模型一般化：$y = a^x (a > 0$且$a \neq 1)$。

设计意图：引导学生观察总结两个函数模型的共同特点，指数x是自变量，底数a是常数，是正数且不等于1，在此基础上引出指数函数概念。

（二）概念形成与辨析

概念：通常情况下，函数$y = a^x (a > 0$且$a \neq 1)$被命名为指数函数，其中指数x为自变量，定义域是**R**。

问题1：定义域是什么？

设计意图：实际问题引出的指数函数形式，x都是在正数范围，给出一般化定义后，须进一步说明定义域。由指数幂的指数x的范围拓展到了实数，所以$a > 0$前提下，x取负数都有意义，故定义域为**R**。

问题2：为什么要求$a > 0$且$a \neq 1$？

设计意图：深刻理解指数函数概念，一方面，理解内涵，增长率和衰减率为常数p变化方式，且$a = 1 + p$或$a = 1 - p$，由此可知$a > 0$且$a \neq 1$；另一方面，由于定义域为**R**，从分数指数幂有意义角度解析$a > 0$，当$a = 1$时，函数为常函数，没有研究价值。

（三）概念巩固

问题：指数函数 $f(x) = a^x (a > 0$ 且 $a \neq 1)$，且 $f(3) = \pi$，求 $f(0)$，$f(1)$，$f(-3)$ 的值.

设计意图：从指数函数形式上巩固概念，掌握指数函数解析式结构。

练习：已知函数 $y = f(x)$，$x \in \mathbf{R}$，且 $f(0) = 1$，$\dfrac{f(0.5)}{f(0)} = 2$，

$\dfrac{f(1)}{f(0.5)} = 2$，……，$\dfrac{f(0.5n)}{f[0.5(n-1)]} = 2$，$n \in \mathbf{N}^*$，求 $f(x)$ 的一个解析式。

设计意图：巩固指数函数概念内涵——指数增长和指数衰减的变化方式。

（四）回顾

教学过程知识回顾如图 5-1-4 所示。

图 5-1-4　知识回顾

问题 1：比较两地景区游客人次的变化情况，你发现了怎样的变化规律？（相应数据分析处理表见表 5-1-1）

表 5-1-1　数据分析处理表 1

年份	A 景区人次/万次	年增加量/万次	B 景区人次/万次	年增加量/万次
2001	600		278	
2002	609		309	
2003	620		344	
2004	631		383	
2005	641		427	
2006	650		475	
2007	661		528	

续 表

年份	A景区人次/万次	年增加量/万次	B景区人次/万次	年增加量/万次
2008	671		588	
2009	681		655	
2010	691		729	
2011	702		811	
2012	711		903	
2013	721		1005	
2014	732		1118	
2015	743		1244	

问题2：年增加量由相邻年份做减法得到，那么比较大小，除了作差法外，还有什么方法？相邻年份游客人次做商后有什么规律？（相应数据分析处理表见表5-1-2）

表5-1-2　数据分析处理表2

年份	B景区人次/万次	年比值	年增长率	年份	B景区人次/万次	年比值	年增长率
2001	278			2009	655		
2002	309			2010	729		
2003	344			2011	811		
2004	383			2012	903		
2005	427			2013	1005		
2006	475			2014	1118		
2007	528			2015	1244		
2008	588						

"对数函数及其性质" 教学设计

一、教材分析

在本单元中，本节课的内容起到了承上启下的作用。首先，对数函数是基于学生对函数概念的整体性学习，对数学性质的掌握进行研究的第三个重要的基本初等函数。它是高中阶段继前两个核心函数以后对函数概念及其性质的再次应用。其次，对数函数是后期对三角函数以及其他函数进行研究的基础，在研究方法上具有一定的示范性。

二、学情分析

对学生的学习情况进行分析，学生已对函数的概念性质等建立了基本认知，了解了函数分析的一般步骤与方法，并能将这些方法用于对数函数的研究中。对学生当前的学习能力进行分析，在初中阶段学生就已对函数建立了基本认知，已形成对事物进行观察的能力，积累了一些经验，初步形成了对事物进行概括的能力。

三、教学目标

（1）结合实例来了解模型的背景，

（2）对对数函数的概念等建立了基本认知。

（3）使用工具来绘图，以便对数函数进行更加深入的研究，对概念形成更加深刻的认知，更加一目了然地观察函数图象并进行相关分析。

（4）通过研究对数函数，领会数学思维方法。

（5）借助多媒体工具激发学生的学习兴趣，通过探究活动培养学生的类比、分析、归纳能力以及严谨的思维品质。

四、重点与难点

（一）重点

掌握对数函数的概念及其性质。

(二) 难点

掌握对数函数的概念及其性质，并能掌握将抽象的数学语言与直观的图象结合起来的数学思维方法。

五、教学工具

PPT 课件、几何画板课件。

六、教学过程

(一) 复习回顾

引导学生回忆指数函数的定义和对数的定义，重点强调两种函数表达式的互相转化。指数函数的表达式为 $y = a^x$（$a > 0$，且 $a \neq 1$）其中 x 是自变量，函数的定义域是 **R**。对数函数的概念为，如果 $a^x = N$（$a > 0$，且 $a \neq 1$），那么数 x 叫做以 a 为底 N 的对数，记作 $x = \log_a N$。

设计意图：复习旧知识，为下面新知识的引出与讲解做铺垫，引导课堂氛围，使学生的注意力回归课堂。

(二) 新知导入

(1) 创设情境

师：我们初中时学过《愚公移山》，在智叟嘲笑愚公年纪已大，无法移走山的时候，愚公是怎么回答的？

生：子又生孙，孙又生子；子又有子，子又有孙；子子孙孙无穷匮也。

师：假设愚公和他的子孙每人都只有两个孩子，且愚公的第一代子孙有 2 人，那么第二代子孙有多少人呢？

生：4 人。

师：那么第三代呢？

生：8 人。

师：第 x 代呢？

生：有 2^x 人。

师：此时我们就可以得到，如果设愚公的第 x 代子孙为 y，那么就有 $y = 2^x$，现在如果已经知道 y，需要求 x（图 5-1-5）。我们可以怎么求？

生：通过指数式与对数式的互换，得到 $x = \log_2 y$。

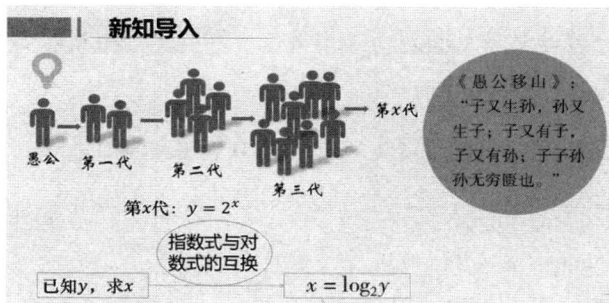

图 5-1-5　问题情境

设计意图：通过《愚公移山》来设置问题的背景，采用对话式教学使学生建立两种函数，领悟两种函数之间的关系，渗透数学建模的数学素养，同时引出对数函数的定义。

（2）归纳定义

通过上面例子，让学生模仿指数函数的定义，归纳出对数函数的定义：一般地，形如 $y = \log_a x$（$a > 0$，且 $a \neq 1$）的函数叫做对数函数，其中 x 是自变量，函数的定义域是（0，$+\infty$）。教师强调对数函数是形式化定义。

设计意图：通过对具体实例的分析，引导学生归纳出函数解析式 $y = \log_a x$，形成对数函数的定义。

练习 1：判断下列函数是否为对数函数。

（1）$y = \log_3 (2x)$

（2）$y = \log_{0.99} x$

（3） $y = \log_x 3$

（4） $y = \dfrac{1}{2} \log_4 x$

（5） $y = \ln x$

师生共同分析判断对数函数的方法：①底数 a 是大于 0 且不等于 1 的常数；②系数必须为 1；③对数的真数仅有自变量 x 。

练习 2：若函数 $y = \log_{(2a-1)} x + (a^2 - 5a + 4)$ 是对数函数，则 $a =$ _____ 。

练习 3：求下列函数的定义域（ $a > 0$ ，且 $a \neq 1$ ）.

（1） $y = \log_a (x - 1)$

（2） $y = \log_a (x^2 + 2x + 9)$

设计意图：通过练习 1 来巩固学生所学知识，使学生更好地掌握函数概念，练习 2 与练习 3 是对数函数定义的运用，其中求函数的定义域是函数的一大类考点。

（三）活动探究

（1）绘制图象

师：同学们回忆一下前面学习指数函数及其性质的时候，我们的研究方法是什么？

生：描点法。

师：那描点法的具体步骤是什么？

生：列表—描点—连线。

师：再回忆一下，我们研究了指数函数的那些内容？

生：定义域、值域、定点问题、单调性、奇偶性、对称性等等。

设计意图：对数函数是高中阶段继前两个核心函数以后对函数概念及其性质的再次应用，采用复习的方式使学生对函数的一般步骤与方法形成深入了解，采用类比的方法对函数性质进行探究。

师：类比指数函数的研究方法，请同学们完成下表（表 5 - 1 - 3），并用描点法在同一个坐标系中画出函数 $y = \log_2 x$ 和函数 $y = \log_{\frac{1}{2}} x$ 的图象（图 5 - 1 - 6）。

表 5 - 1 - 3　两个函数列表

x	$\dfrac{1}{4}$	$\dfrac{1}{2}$	1		4	8
$y = \log_2 x$				1		
$y = \log_{\frac{1}{2}} x$						

老师请学生在黑板上绘制图形，并运用几何画板将两个函数的图象展示出来。

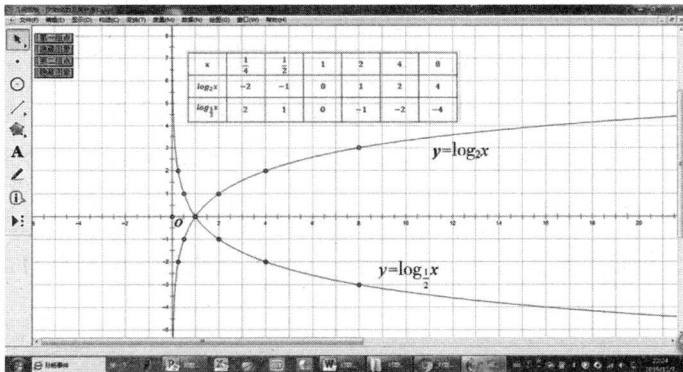

图 5 - 1 - 6　两个函数的图象

设计意图：在绘制函数图象中，往往会使用描点法，使学生掌握画图的基本知识，使学生对对数函数的概念形成深刻的理解，进一步对图象形成直观感知，将数形结合的思想反映出来。通过辅助工具的使用来丰富课堂教学，激发学生的学习兴趣，使学生对函数图象的特点形成更加深刻的认知，帮助教师在教学工作中更好地攻克难关，高效进行课堂教学。

（2）探究性质

师：请同学们根据图象完成下列的性质表（表 5 - 1 - 4）。

表 5-1-4　函数性质

性质		$a > 1$	$a < 1$
	定义域	\multicolumn{2}{c}{$(0, +\infty)$}
	值域	\multicolumn{2}{c}{$\mathbf{R}$}
	关键点	\multicolumn{2}{c}{过定点 $(1, 0)$，即 $x = 1$ 时，$y = 0$。}
	函数值的变化	当 $0 < x < 1$ 时，$y < 0$ 当 $x > 1$ 时，$y > 0$	当 $0 < x < 1$ 时，$y > 0$ 当 $x > 1$ 时，$y < 0$
	单调性	在 $(0, +\infty)$ 上是增函数	在 $(0, +\infty)$ 上是减函数
	奇偶性	\multicolumn{2}{c}{既不是奇函数也不是偶函数}
	对称性	\multicolumn{2}{c}{函数 $y = \log_a x$ 和函数 $y = \log_{\frac{1}{a}} x$ 的图象关于 x 轴对称}

在这个过程当中，学生作为探究活动的主体，老师作为引导者，双方结合几何画板画出的图象，完成对多个性质的讲解和分析。

设计意图：学生通过对函数图象的细致观察，使用将抽象的数学语言与直观的图象结合起来的数学思维，对函数性质进行总结分析。通过具体底数的两个对数函数图象间的关系，对两个对数函数 $y = \log_a x$ 和 $y = \log_{\frac{1}{a}} x$ 图象间的关系进行归纳分析，体会由特殊到一般思想的应用。

练习 4：判断大小。

（1）$\log_2 3.4$ 与 $\log_2 8.5$

（2）$\log_{0.3} 1.8$ 与 $\log_{0.3} 2.7$

（3）$\log_a 5.1$ 与 $\log_a 5.9$（$a > 0$，且 $a \neq 1$）

设计意图：利用对数函数的单调性，当 $a > 1$ 时，对数函数递增；当 $0 < a < 1$ 时，对数函数递减。

（3）探究底数 a 对对数函数的影响

师：在刚才的练习 4 中，两个对数是同底数不同真数，那同学们看看下面的练习 5，同真数不同底数的对数又怎么比较大小呢？

练习 5：判断大小。

（1）$\log_3 2.5$ 与 $\log_4 2.5$

（2）$\log_{0.3}1.8$ 与 $\log_{0.4}1.8$

师：让我们带着问题，运用几何画板来探究底数 a 对对数函数的影响。

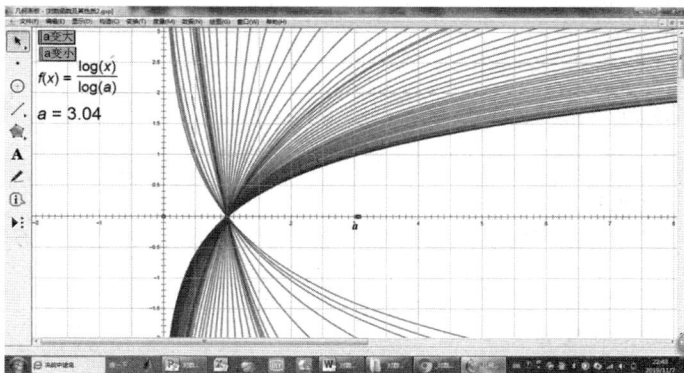

图 5-1-7　对数函数变化图

总结动画展现的规律：①随着 a 的增大，对数函数在第一象限的图象呈顺时针旋转，不断向 x 轴的正半轴靠近；②随着 a 的增大，对数函数在第三象限的图象呈顺时针旋转，不断向 y 轴的负半轴靠近（图 5-1-7）。

总结方法：同真数不同底数的对数函数 $\log_a x_0$ 与 $\log_b x_0$，根据底数的大小画出对数函数的大致图象，再画出 $x = x_0$ 的图象，比较交点位置函数值的大小。

设计意图：通过课件演示出指数函数底数的动态变化过程，使学生更加一目了然地观察到对数函数图象的变化情况，以及将底数分成 $a > 1$ 和 $0 < a < 1$ 两类的原因，帮助学生更好地通过函数图象总结出函数的普遍共性，进而更好地掌握重难点知识，并运用探究所得规律判断对数的大小。

（四）课堂小结

教师和学生一起回顾本节新课的内容。

（1）对数函数的定义

（2）对数函数的图象及其性质

139

（3）求解对数型函数的定义域

（4）比较对数的大小

设计意图：和学生一起总结归纳，帮助学生厘清思路，有助于学生知识体系的建构。

（五）课后习题

（1）求下列函数的定义域

① $y = \dfrac{1}{\log_2 x}$

② $y = \log_7 \dfrac{1}{1 - 3x}$

（2）比较对数的大小

① $\lg 6$，$\lg 8$

② $\log_{\frac{1}{3}} 0.5$，$\log_{\frac{1}{3}} 0.6$

③ $\log_{3.7} 0.9$，$\log_{2.5} 0.9$

④ $\log_{0.5} 7$，$\log_{0.7} 7$

（3）画出下列对数函数的图象

① $y = \log_4 x$

② $y = \log_3 x + 1$

设计意图：课后练习，巩固所学知识。

七、教学反思

（一）设计问题链，驱动教学

问题在数学教学中起到了重要作用，本节课以问题为核心脉络进行教学，使学生在教师的引导下，以问题为主要线索发散思维、思考问题并进行深入思考。

（二）使用技术来突出教学重点、攻克难关

通过对对数函数的学习，掌握其概念、图象以及性质是本节课的教学重点；本节课的教学难点在于使用将抽象的数学语言与直观的图象结合起来的方法对函数性质进行总结分析，本节课使用了以下技术来突出重难点内容、攻克难关。

◇掌握概念：播放《愚公移山》PPT 课件，学生推导概括出 $y = \log_a x$ 的形式，从而形成概念，突出学习重点。

◇绘制图象：学生积极动手，绘制函数图象，形成对对数函数图象的基本认知，教师个别辅导，学生上台绘制，教师纠正作图错误，总结作图要点，培养学生作图基本功，加深学生对定义的认识；老师运用几何画板绘制对数函数图象，加强学生对函数图象的直观感知，明确教学重点内容。

◇掌握函数性质：通过对函数图象进行分析，总结出对数函数的性质。在探究底数 a 对对数函数的影响的时候，教师运用几何画板的动态演示功能，改变底数 a 的值，观察函数图象跟随底数 a 的变化情况，提升学生对研究过程的参与度，有效攻克学习难关。

八、数学建模

数学建模：建立指数函数模型解决实际问题

导语：通过前期对函数应用相关知识的学习，我们知道用函数构建数学模型解决实际问题时，首先，要对实际问题中的变化过程进行分析，找出其中的常量、变量及其相互关系；明确其运动变化的基本特征，从而确定它的运动变化类型。其次，根据分析结果，选择合适的函数类型构建数学模型，将实际问题化归为数学问题；再通过运算、推理，求解函数模型。最后，利用函数模型的解说明实际问题的变化规律（图 5-1-8），达到解决问题的目的。

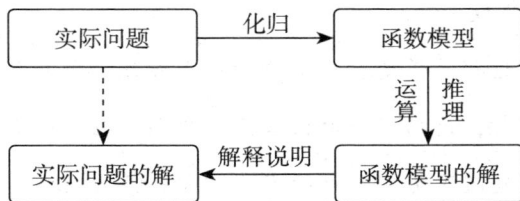

图 5-1-8　利用函数模型的解说明实际问题的变化规律

但是在构建函数模型时，经常会遇到没有现成数据可用的情况，这时就须要先收集数据。本节课就让我们一起经历建立数学模型解决实际问题的全过程，一起感受数学与我们生活的紧密联系。也希望通过每节课的学习，同学们在以后的生活中尝试着用数学的眼光观察现实世界，用数学的思维思考现实世界，用数学的语言表达现实世界。

指数函数是基本初等函数之一，它不仅是一种重要的初等函数，而且它在生活、生产等实际活动中也被广泛应用。如在疾病控制与统计、生物学、物理学、国民经济活动、存款利率、人口预测、工业生产等问题上都可以运用其进行解决。随着时代的进步，科学技术也在不断创新，其中作为基础也是必不可少的数学也有了长足的进步。指数函数作为数学里的一页也有了前所未有的发展，作为函数中基本初等函数的指数函数，在教学中有着不可取代的地位，同时在生活中也有着广泛的应用。指数函数并不是在历史上直接出现的，而是出现在对数函数之后。历史上由于天文学等方面的计算量太大，为了找到简便的计算方法而发明了对数函数，针对对数函数求反函数，进而得到指数函数，这一点与现在教材中的顺序是相反的。现如今指数函数已经在教材中为人们所学习，但都是就指数函数的一些基础性学习，而关于指数函数的研究却远不止于此。指数函数已在高等数学、微积分学、微分方程等高等数学中有了较深入的研究。

一、观察实际情境，提出并分析问题

（一）实际情境

传染病传染过程的强度和广度分为：①散发，是指传染病在人群中散在发生；②流行，是指某一地区或某一单位，在某一时期内，某种传染病的发病率，超过了历年同期的发病水平；③大流行，指某种传染病在一个短时期内迅速传播、蔓延，超过了一般的流行强度；④暴发，指某一局部地区或单位，在短期内突然出现众多的同一种疾病的病人。如果在传染病传染的过程中不人为介入，切断其传染链，将对整个社会经济的发展带来严重的后果。

（二）提出问题

如果没有人工干预，不同时间段内的病例数会按照怎样的规律进行增长呢？对于某个时间内新增的病例数是否可以预测，以期对其传播蔓延进行必要的控制，减少人民生命财产的损失呢？

（三）分析问题

可以通过收集合适地区的新增病例数并结合建立适当的数学模型，找出病例数增长规律，并对一定时间后新增病例进行估计以支持卫生部门的防疫工作。

二、收集数据

利用互联网等信息技术，我们可以搜索到一些原始的数据。

例如，我们搜集到某地区一周内的累计病例数（表5-1-5）。

表5-1-5　某地区一周内的累计病例数

时间/天	1	2	3	4	5	6	7
新增病例数	1246	1550	1935	2420	3000	3743	4660

请结合上述数据建立合理的数学模型，并估计第9天的新增病例数。

三、分析数据

累计病例数是时间的函数，但没有现成的函数模型。因此，可以先画出散点图，利用图象直观分析这组数据的变化规律，从而帮助我们选择函数类型，散点图如图5-1-9所示：

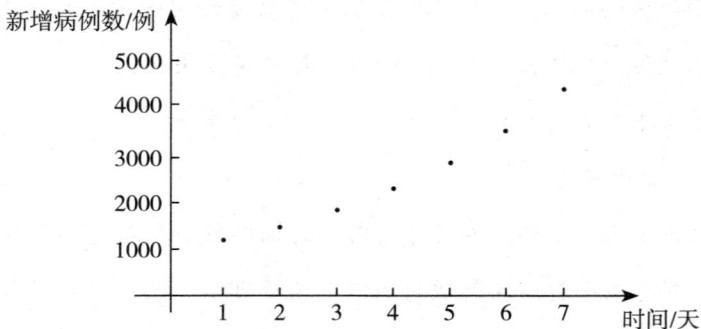

图 5 - 1 - 9　构建函数模型

当然，我们可以利用信息技术，通过函数拟合的方法来帮助选择适当的函数模型。

四、建立模型

根据散点图的形状可设函数模型近似为 $y = ke^{at}$，利用表中的数据可求 $y = 1000e^{0.22t}$。

五、检验模型

画出函数的图象（见图 5 - 1 - 10），对比散点图，发现吻合度很好。

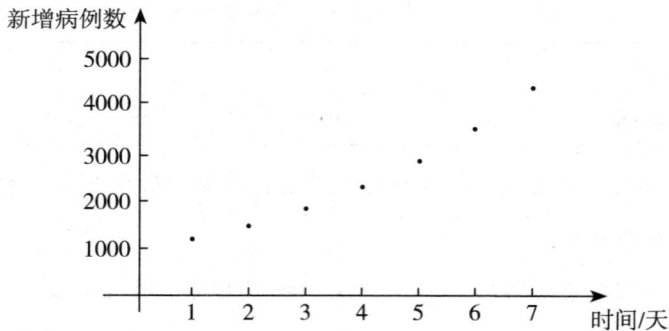

图 5 - 1 - 10　函数的图象

六、问题解决

该地区新增病例数 y 与时间 t 基本满足 $y = 1000e^{0.22t}$ 的函数关系，第 9 天时，预计新增病例数为 $y = 1000e^{0.22 \times 9} \approx 7242$，我们会发现新增病例数急剧增加，需卫生防疫部门及时介入，采取相应阻断措施。

七、问题拓展

在上述模型的建立过程中，我们根据散点图选择了函数模型，然后利用其中的两个点求出模型的两个参数，随着点的选择的不同，所得函数的模型也相异，那么请同学利用课余时间思考如何评价不同模型的优劣。

八、小结

数学建模需要我们用数学的眼光观察实际情境，从而发现和提出问题，用数学的方式收集数据，其中包括必要的假设和实验获取数据，利用数学思维选择函数模型，用数学知识求解函数模型，最后检验结果，若符合实际，则将数学结果转化为实际问题的解，若不符合实际，则要重新选择模型。这就是数学建模的过程。

九、作业布置

请同学们仿照上述过程开展一次建立模型解决实际问题的活动，可以从下列选题中选择一个。

（1）应在炒菜之前多长时间将冰箱里的肉拿出来解冻？

（2）根据某一同学的身高和体重，判断该同学是否超重。

（3）用微波炉或电磁炉烧一壶开水，找到最省电的功率设定方法。

（4）估计阅读一本书所需要的时间。

也可以根据自己的兴趣，与老师协商后确定一个课题进行研究。

要求：在班级中组成3~5人的单元研究小组，每位同学参加其中一个小组。在小组内，要确定一个课题负责人，使每位成员都有明确的分工。拟定研究课题、制订研究方案、规划研究步骤、编制研究手册，然后在班里进行一次开题报告。

九、单元学习活动设计

"探究水温的变化规律"① 教学设计

一、选题意义

烧开的开水要等多久才能饮用？这是我们日常关心的话题，所以探究水温的变化规律，具有现实意义。通过实测数据，建立水温与时间的函数模型，就可以根据模型进行简单计算，预测水的温度变化情况。

二、教学设计

课前让学生准备一杯热水、温度计、手表、白纸、尺子和笔。

（一）问答环节

问题1：热水放置在室温一段时间，温度会下降，这反映了什么物理现象？

学生：热的传递现象。

问题2：热的传递条件是什么？为什么会发生热传递？

学生：水与室温具有温度差，热量从温度高的地方向温度低的地方扩散。

问题3：通过测量，现在室温是27℃，一杯开水放在教室里，温度能降到27℃以下吗？

学生：不能。

（二）实践环节

以6人小组为单位，测量水温。分配的步骤如下。

（1）每隔1min测量水温，并将数据记录在表格当中。

（2）根据得到的数据，绘制散点图，并用平滑的曲线将点连接起来。

---

① 感谢惠州一中许跃老师提供本课时设计。

（3）依据散点图的形状，选择两个函数模型，计算出两个具体的函数后（解出参数，并确定定义域），用得到的函数预测第 15min 的水温（令 $x = 15$，代入函数）。

（4）测量出第 15min 的水温，分别计算出两个函数下的预测值，并计算与实际水温的误差，从两个函数中选择相对恰当的模型描绘降温规律，分析误差出现的原因。

（三）小组展示环节

小组汇报，展示散点图，说明选择函数模型的原因并进行误差分析。

小组作品展示如图 5 - 1 - 11、图 5 - 1 - 12、图 5 - 1 - 13、图 5 - 1 - 14 所示。

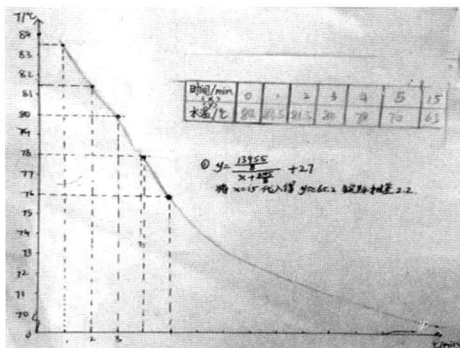

图 5 - 1 - 11　小组作品展示 1

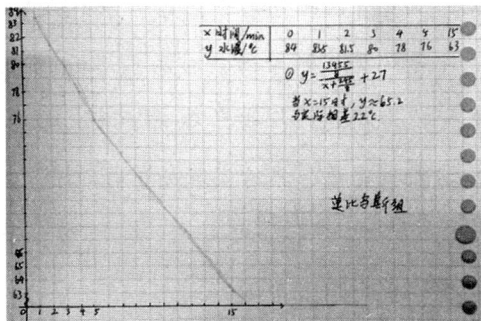

图 5 - 1 - 12　小组作品展示 2

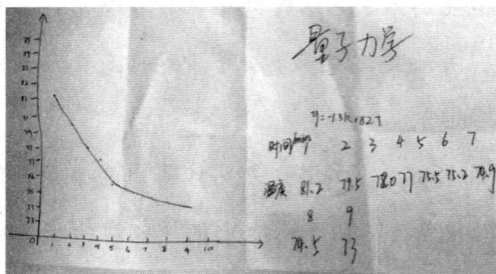

图 5 – 1 – 13　小组作品展示 3

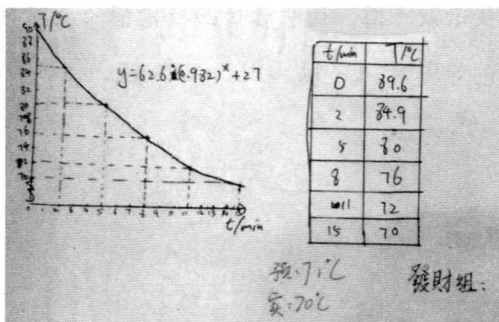

图 5 – 1 – 14　小组作品展示 4

四、教后反思

本堂课学生参与度极高,大多数小组选择用指数函数进行拟合。通过数据,得到相应的函数模型,并能通过检验第 15min 水的温度,验证函数模型的准确性。在进行误差分析时,大部分小组考虑到保温杯材质、温度计读数、温度计与杯壁接触等因素对温度准确性的影响,并提出了改善方案。课堂进行较为顺利,但由于器材不足,每个小组只有一支温度计,这使得部分学生不能亲身体验实践的过程。

十、单元作业设计

（一）单元知识结构图

单元知识结构如图 5 - 1 - 15 所示。

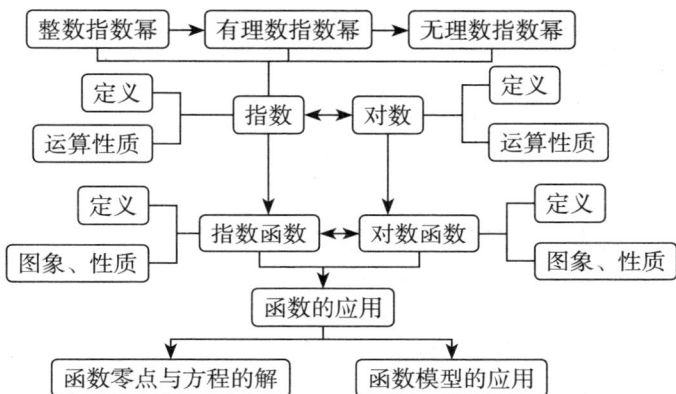

图 5 - 1 - 15　单元知识结构

（二）评价目标

（1）了解有理数指数幂以及无理数指数幂的实际意义，运用性质计算一些简单的指数幂运算。能通过实际操作画出指数函数图象，通过函数图象研究与掌握指数函数的性质。

（2）能运用对数的运算性质，做简单计算。采用描点法绘制函数图象，并按照图象性质对函数性质进行总结分析。

（3）理解与掌握函数图象与 x 轴交点横坐标、函数零点与相应方程的根这三者之间的关系。并会用零点存在定理说明根的存在情况以及用二分法求近似根。

（4）通过分析对数函数、线性函数、指数函数增长速度的差异，选择合适的函数类型刻画现实问题的变化规律。

（三）单元作业属性表

单元作业属性表见表 5－1－6。

表 5－1－6　单元作业属性

各内容对应题量		各目标对应题量		各水平对应题量		各题型对应题量		各难度对应题量		完成时间
内容	题量	目标编号	题量	水平	题量	题型	题量	难度	题量	
指数与指数函数	3	1	6	理解	7	单选	4	容易	6	
对数与对数函数	3	2	6	应用	4	多选	4	中等	8	120 min
函数的应用（二）	10	3	9	综合	5	填空	4	困难	2	
		4	2			解答	4			

（四）单元作业内容

单元作业内容见表 5－1－7

表 5－1－7　单元作业内容

指数函数与对数函数单元作业	
一、单选题	
1. 下列计算结果正确的是（　　　） A. $-6x^2y^3 \div \frac{1}{2}x^2y^2 = -12y$ B. $\left(-\frac{3}{2}xy^4\right)^2 \div (-2x^2y^2) = \frac{3}{4}y^6$ C. $16x^5y^7 \div (-2x^3y^2) = -32x^2y^5$ D. $(2x^2y)^4 \div [(xy)^2]^2 = 8x^4$	内容：指数与指数函数 目标：1 水平：理解 难度：容易
2. 下列各函数中，是指数函数的是（　　　） A. $y = (-3)^x$　　　　B. $y = -3^x$ C. $y = 3^{x-1}$　　　　D. $y = \left(\frac{1}{3}\right)^x$	内容：指数与指数函数 目标：1 水平：理解 难度：容易

续 表

	内容：对数与对数函数
3. 函数 $f(x) = \log_a(x-1) + 5$ 的图象一定经过点 （　　） A. （1，5）　　　　　　　B. （2，5） C. （2，6）　　　　　　　D. （0，6）	内容：对数与对数函数 目标：2 水平：理解 难度：容易
4. 函数 $y = \sqrt{\log_{+}(5x-4)}$ 的定义域是 （　　） A. （0，1]　　　　　　　B. $\left(\dfrac{4}{5},\ +\infty\right)$ C. $\left(\dfrac{4}{5},\ 1\right]$　　　　　　　D. $\left(\dfrac{4}{5},\ 1\right)$	内容：对数与对数函数 目标：2 水平：理解 难度：中等

二、多选题

5. 在数学中，布劳威尔不动点定理可应用到有限维空间，并是构成一般不动点定理的基石，它得名于荷兰数学家鲁伊兹·布劳威尔，简单来讲就是对于满足一定条件的连续函数 $f(x)$，存在一个点 x_0，使得 $f(x_0) = x_0$，那么我们称该函数为"不动点"函数. 下列为"不动点"函数的是 （　　） A. $f(x) = 2^x + x$ B. $g(x) = x^2 - x + 3$ C. $f(x) = x^{+} + 1$ D. $f(x) = |\log_2 x| - 1$	内容：函数的应用（二） 目标：3 水平：理解 难度：容易
6. 已知函数 $f(x) = \begin{cases} -x^2 - 2x, & x \leqslant m, \\ x - 4, & x > m, \end{cases}$ 如果函数 $f(x)$ 恰有两个零点，那么实数 m 的取值范围可以是 （　　） A. $m < -2$　　　　　　B. $-2 \leqslant m < 0$ C. $0 \leqslant m < 4$　　　　　D. $m \geqslant 4$	内容：函数的应用（二） 目标：3 水平：应用 难度：中等

7. 下列函数中，有零点但不能用二分法求零点的近似值的是（　　） A. $y = \dfrac{2}{x} + 1$　　　　　　　　B. $y = \begin{cases} -x+1, & x \geqslant 0, \\ x+1, & x < 0 \end{cases}$ C. $y = \dfrac{1}{2}x^2 + 4x + 8$　　　　　　D. $y = \lvert x \rvert$	内容：函数的 应用（二） 目标：3 水平：理解 难度：容易
8. 已知函数 $f(x)$ 在区间（0，3）上有两个零点，且都可以用二分法求得，其图象是连续不断的，若 $f(0) > 0$，$f(1)f(2)f(3) < 0$，则下列命题正确的是（　　） A. 函数 $f(x)$ 的两个零点可以分别在区间（0，1）和（1，2）内 B. 函数 $f(x)$ 的两个零点可以分别在区间（1，2）和（2，3）内 C. 函数 $f(x)$ 的两个零点可以分别在区间（0，1）和（2，3）内 D. 函数 $f(x)$ 的两个零点不可能同时在区间（1，2）内	内容：函数的 应用（二） 目标：3 水平：理解 难度：容易
三、填空题	
9. 函数 $f(x) = \left(\dfrac{1}{2}\right)^{-x^2-2x+3}$ 的单调递增区间是＿＿＿＿＿＿＿＿．	内容：指数与 指数函数 目标：1 水平：应用 难度：中等
10. 函数 $y = \log_{0.4}(-x^2 + 3x + 4)$ 的值域是＿＿＿＿＿＿＿＿．	内容：对数与 对数函数 目标：2 水平：应用 难度：中等

11. 如图所示是某受污染的湖泊在自然净化过程中某种有害物质的剩留量 y 与净化时间 t（单位：月）的近似函数关系：$y = a^t$（$t \geqslant 0$，$a > 0$ 且 $a \neq 1$）的图象. 有以下叙述： ① 第 4 个月时，剩留量就会低于 $\dfrac{1}{5}$； ② 每月减少的有害物质量都相等； ③ 若剩留量为 $\dfrac{1}{2}$，$\dfrac{1}{4}$，$\dfrac{1}{8}$ 时，所经过的时间分别是 t_1，t_2，t_3，则 $t_1 + t_2 = t_3$. 其中正确叙述的序号是_____.	内容：函数的应用（二） 目标：1、4 水平：应用 难度：中等
12. 已知函数 $f(x) = \begin{cases} x+1, & x \leqslant 0 \\ |\ln x|, & x > 0, \end{cases}$ 则函数 $y = f[f(x)] = -1$ 的零点个数为_____.	内容：函数的应用（二） 目标：2、3 水平：综合 难度：困难
四、解答题	
13. 已知定义在区间（-1，1）上的函数 $f(x) = \dfrac{x+a}{x^2+1}$ 为奇函数. （1）求实数 a 的值； （2）判断并证明函数 $f(x)$ 在区间（-1，1）上的单调性； （3）解关于 t 的不等式 $f\left(\left(\dfrac{1}{2}\right)^t - 1\right) + f\left(\left(\dfrac{1}{2}\right)^t\right) < 0$.	内容：函数的应用（二） 目标：1、3 水平：综合 难度：中等

14. 对于函数 $f(x) = \log_{\frac{1}{2}}(ax^2 - 2x + 4)$，解答下列问题. （1）若函数定义域为 $\mathbf{R}$，求实数 a 的取值范围； （2）若函数的值域为 $(-\infty, -1]$，求实数 a 的值； （3）若函数在 $(-\infty, 3]$ 内为增函数，求实数 a 的取值范围.	内容：函数的 应用（二） 目标：2、3 水平：综合 难度：中等
15. 为了高效开展分拣工作，控制物流成本，某快递公司计划将智能机器人分拣系统引入某市的货物转运中心，已知采购 x 台机器人所需投入的总成本 $p(x) = \frac{1}{600}x^2 + x + 150$ 万元. （1）若要将单台机器人的平均成本最小化，则需要购买多少台？ （2）现按（1）中的数量购入机器人，需要安排 m 人将邮件置于机器人上，由机器人完成分拣，经实践得知，单台机器人的日均 分拣量 $q(m) = \begin{cases} \frac{8}{15}m(60-m)(1 \leq m \leq 30), \\ 480(m > 30), \end{cases}$（单位：件），已知采用传统方式进行分拣，每人日均分拣量为1200件，在引入机器人后的日均分拣量达到峰值状态的情况下，问引入机器人前后，用人数量减少的最大比率是多少？	内容：函数的 应用（二） 目标：3、4 水平：综合 难度：中等
16. 已知函数 $g(x) = ax^2 - 2ax + 1 + b(a > 0)$ 在区间 $[2, 3]$ 上有最大值4和最小值1，设 $f(x) = \frac{g(x)}{x}$. （1）求 a，b 的值； （2）若不等式 $f(\log_2 x) - 2k \cdot \log_2 x \geq 0$ 在 $x \in [2, 4]$ 上有解，求实数 k 的取值范围； （3）若 $f(|2^x - 1|) + k \cdot \frac{2}{|2^x - 1|} - 3k = 0$ 有三个不同的实数解，求实数 k 的取值范围.	内容：函数的 应用（二） 目标：1、2、 3 水平：综合 难度：困难

十一、单元评价设计

（一）评测表

（1）"指数函数与对数函数"单元相关评测表，如表5－1－8所示。

表5－1－8 "指数函数与对数函数"单元学习自评表

班级：			姓名：		
请在下面你认为符合自身情况的项目评级打"√"			优秀 （5分）	良好 （3分）	一般 （1分）
指数	我能理解并说出 n 次方根、根式、分数指数幂的概念				
	我能正确运用根式运算性质和有理指数幂的运算性质进行简单的运算				
	我理解根式与分数指数幂的关系，并会对两者进行互化				
指数函数	我能理解指数函数的概念，能画出具体指数函数的图象				
	我能通过图象归纳出指数函数的性质，并在理解的基础上，应用所学知识解决简单的数学问题				
对数	我了解了对数、常用对数、自然对数的概念				
	我能在理解的基础上，用对数的定义进行对数式与指数式的互化				
	我了解和掌握了对数的性质，会求简单的对数值				
对数函数	我能理解对数函数的概念，并借助列表描点的方法画出函数图象，并能在观察图象的过程中，对函数的性质进行总结				

续 表

请在下面你认为符合自身情况的项目评级打"√"		优秀 (5分)	良好 (3分)	一般 (1分)
对数 函数	我能借助图象理解与掌握对数函数的性质，能初步运用性质解决问题			
	我能理解反函数概念和性质，并清楚同底的指数函数和对数函数互为反函数			
	我能结合具体函数图象，总结一次函数、指数函数、对数函数的增长差异，了解"直线上升""对数增长""指数爆炸"的含义，并能运用函数的增长差异，选择适当的函数模型			
函数的 应用 （二）	我理解并掌握了函数的零点、方程的根与图象交点三者之间的关系，并能使用零点存在性定理对函数的零点所在的大致区间进行判断，能使用函数单调性及图象对零点个数进行判断			
	我能掌握二分法的概念，并使用该方法进行求解			
	我了解模型求解过程，体验了数学建模的基本步骤			
总评分	满分75分	个人得分		

（2）"函数的概念与性质"单元相关评测表，如表 5 - 1 - 9、表 5 - 1 - 10、表 5 - 1 - 11 所示。

表 5 - 1 - 9 "函数的概念与性质"单元检测属性表

评价目标	理解函数概念，掌握并能运用函数的性质解决问题
评价内容	"函数的概念与性质"单元检测

续 表

评价 要素	评价主体	□学生 （自评） □学生 （互评） ✓教师 □家长
	评价时间	□教学实施前 □教学实施中 ✓教学实施后
	评价类型	□诊断性评价 □形成性评价 ✓总结性评价
	评价项目	✓单元测验 □课堂检测 □学生的学习汇报 □课堂表现 □作业表现 □其他学习活动评价项目
评价工具		✓设计 □选用
评价结果		完成对应评价工具的填写，综合评分目标达成检测

表 5 - 1 - 10 "函数的概念与性质" 单元测试细目表

题型	题号	知识内容	评价目标层次
选择题	1	指数函数图象与性质	应用
	2	对数函数图象与性质	应用
	3	零点存在定理	应用
	4	函数的零点与方程的解	分析、综合
填空题	5	指数函数的概念	理解
	6	对数函数的概念	理解
	7	不同函数增长差异	应用
	8	函数的零点与方程的解	应用、综合
解答题	9	指数运算与对数运算	应用
	10	函数的应用	综合
	11	函数的应用	综合

表 5 - 1 - 11 "函数的概念与性质" 单元对应测试题

指数函数与对数函数测试题

一、单选题

1. 如图中的曲线是指数函数 $y = a^x$ 的图象，已知 a 的取值分别为 π，$\sqrt{17}$，$\dfrac{\sqrt{3}}{3}$，$\dfrac{\sqrt{2}}{2}$，则相应于曲线 c_1，c_2，c_3，c_4 的 a 依次为（   ）

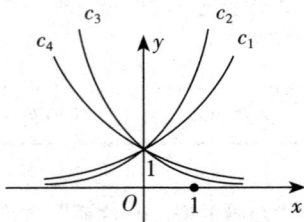

A. $\sqrt{17}$，π，$\dfrac{\sqrt{3}}{3}$，$\dfrac{\sqrt{2}}{2}$　　　　B. $\sqrt{17}$，π，$\dfrac{\sqrt{2}}{2}$，$\dfrac{\sqrt{3}}{3}$

C. π，$\sqrt{17}$，$\dfrac{\sqrt{3}}{3}$，$\dfrac{\sqrt{2}}{2}$　　　　D. π，$\sqrt{17}$，$\dfrac{\sqrt{2}}{2}$，$\dfrac{\sqrt{3}}{3}$

2. 函数 $f(x) = \log_{\frac{1}{2}}(6 - x - x^2)$ 的单调递增区间是（   ）

A. $\left[-\dfrac{1}{2}, +\infty \right)$　　　　　　B. $\left(-\infty, -\dfrac{1}{2} \right]$

C. $\left(-3, -\dfrac{1}{2} \right)$　　　　　　　D. $\left[-\dfrac{1}{2}, 2 \right)$

3. 函数 $f(x) = \ln x - \dfrac{3}{e}$ 的零点所在区间为（   ）

A. $\left(\dfrac{1}{e}, 1 \right)$　　　　　　　B. $(1, e)$

C. (e, e^2)　　　　　　　D. (e^2, e^3)

4. 一元二次方程 $x^2 - 5x + 1 - m = 0$ 的两根均大于 2，则实数 m 的取值范围是（   ）

A. $\left[-\dfrac{21}{4}, +\infty \right)$　　　　　　B. $(-\infty, 5)$

C. $\left[-\dfrac{21}{4}, -5 \right)$　　　　　　D. $\left(-\dfrac{21}{4}, -5 \right)$

二、填空题

5. 指数函数 $f(x)$ 的图象过点 $(-2,4)$，则 $f(2) =$ _____

6. 函数 $f(x) = \dfrac{\log_2(2-x)}{x-1}$ 的定义域为 _____

7. 在特定金属材料的耐高温实验中，使用微机将温度变化情况记录下来，得出下图数据。

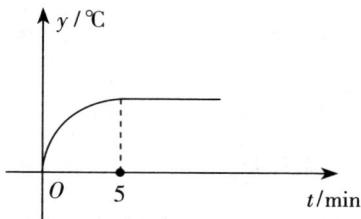

现给出以下观点：

①前 5min 温度的增速不断加快；②前 5min 温度的增速不断减缓；③5min 以后温度在匀速增加；④5min 以后温度并未发生显著变化．

其中正确的观点是 _____ （填序号）

8. 已知函数 $f(x) = \min\left\{1 + \dfrac{4}{x}, \log_2 x\right\}$，若函数 $g(x) = f(x) - k$ 恰有两个零点，则 k 的取值范围为 _____

三、解答题

9. 计算：（1）$\dfrac{1}{2}\lg 25 + \lg 2 + \ln \sqrt{e} - \log_2 9 \times \log_3 2 - 5^{\log_5 3}$

（2）$\left(3\dfrac{3}{8}\right)^{\frac{2}{3}} - \left(5\dfrac{4}{9}\right)^{0.5} + (0.008)^{-\frac{1}{3}} \div \left(\dfrac{1}{50}\right)^{-\frac{1}{3}} \times \dfrac{2\sqrt{2}}{5}$

10. 设函数 $f(x) = a \cdot 2^x - 2^{-x} \ (a \in \mathbf{R})$

（1）若函数 $y = f(x)$ 的图象关于原点对称，求函数 $g(x) = f(x) + \dfrac{3}{2}$ 的零点

（2）求函数 $h(x) = f(x) + 4^x + 2^{-x}$ 在 $x \in [0,1]$ 上的最小值

续 表

11. 据统计，2017 年遵义市两个区域的现有人口总数为 110 万人，假设按照 12%
的年自然增长率增长，请尝试解答以下问题：

（1）假设 x 年后遵义市人口总数为 y（单位：万人），请写出 y 关于 x
的函数表达式

（2）对 10 年后遵义市人口总数进行计算（精确到 0.1 万人）

（3）计算多少年以后遵义市人口总数将达到 150 万人（精确到 1 年）

（参考数据：$1.012^{10} \approx 1.127$，$1.012^{15} \approx 1.196$，$1.012^{16} \approx 1.210$，

$\log_{1.012} 1.36 \approx 25.8$）

（二）评价量评价结果生成

由以上评价项目所得到的学生学习情况，通过赋权量化转为综合评
分，作为本单元最终评价结果。

第二节　高中数学单元教学

实践效果分析

本节相对独立又相互关联地分别使用成绩比较分析法、课堂观察法和问卷法。一方面，通过相关数据，分析高中数学单元教学整体生成策略对于学生成绩的影响，我们主要通过 SPSS 对实践数据进行分析；另一方面，通过观察、问卷等手段，分析学生和老师对于高中数学单元教学整体生成策略的感受和意见。

一、学生成绩对比分析

1. 数据处理与统计假设

本次实践的对象选取某学校高一（X）班，其中高一（X）班 54 人作为实践班，高一（Y）班 54 人作为对照班，两班学生学习水平均为中等。

为了确保数据的一致性、可靠性，本文将实践阶段的学校统测分成两部分进行，其中，前测是学校高一入学统测考试成绩，后测是指全市统测高一下学期期末成绩。

对于数据的处理，我们用 SPSS 软件对实践前后的两个相关总体进行比较，分析两者的显著性水平差异。统计假设为：若 $p < 0.05$，则表示

两组数据存在显著差异；反之亦然。

2. 结论与分析

对学生数学水平进行 2＊2 的组间组内方差分析，以教学方式（普通教学班，实践教学班）作为组间因素，以时间（前测，后测）为组内因素。采用 Greenhouse – Geisser 校正法后，校正得出的相关数据为：F（1，106）＝22.54，$p < 0.001$，偏 η^2 值为 0.18，这些数据表明，教学方式＊时间有显著的交互效应。随后，在时间的两个水平上对教学方式进行简单效应分析。在教学实践前，两组没有差异，t（106）＝0.03，$p = 0.979 > 0.05$，在教学实践后，采取实践教学的班级数学成绩显著好于普通教学班级，t（106）＝ -2.12，$p = 0.037 < 0.05$。

简言之，在行动研究之前，两组没有差异，在数学单元教学两轮行动研究后，两个班的数学成绩有统计学意义上的显著性差异，采取单元教学的班级数学成绩显著好于普通教学班级。

3. 实践前后成绩比较数据呈现

（1）一般线性模型

表 5 – 2 – 1　主旨内系数

测量：MEASURE_ 1	
时间	因变量
1	（数学）前测
2	（数学）后测

表 5 – 2 – 2　主旨间系数

主旨间系数			
		数值标签	人数
教学方式	1	对照班 Y 班	54
	2	实践班 X 班	54

表 5 - 2 - 3　描述性统计资料

	教学方式	平均数	标准偏差	N
数学前测	对照班 Y 班	91.37	15.887	54
	实践班 X 班	91.28	20.703	54
	总计	91.325	18.366	108
数学后测	对照班 Y 班	89.31	13.943	54
	实践班 X 班	94.93	13.587	54
	总计	92.12	13.988	108

表 5 - 2 - 4　多变数检定[a]

效果		数值	F	假设 df	错误 df	显著性	局部 Eta 方形
时间	Pillai's 追踪	.016	1.757[b]	1.000	106.000	.188	.016
	Wilks' Lambda（λ）	.984	1.757[b]	1.000	106.000	.188	.016
	Hotelling's 追踪	.017	1.757[b]	1.000	106.000	.188	.016
	Roy's 最大根	.017	1.757[b]	1.000	106.000	.188	.016
时间 * 教学方式	Pillai's 追踪	.175	22.538[b]	1.000	106.000	.000	.175
	Wilks' Lambda（λ）	.825	22.538[b]	1.000	106.000	.000	.175
	Hotelling's 追踪	.213	22.538[b]	1.000	106.000	.000	.175
	Roy's 最大根	.213	22.538[b]	1.000	106.000	.000	.175

注：a. 设计：截距 + 教学方式

　　　主旨内设计：时间

　　b. 确切的统计资料

表 5 - 2 - 5　Mauchly 的球形检定[a]

主旨内效果	Mauchly's W	大约卡方	df	显著性	Epsilon[b]		
					Greenhouse - Geisser	Huynh - Feldt	下限
时间	1.000	.000	0		1.000	1.000	1.000

测量：MEASURE_ 1

检定标准正交化转换因变量的错误共变异数矩阵是恒等式矩阵比例的空假设

注：a. 设计：截距 + 教学方式

主旨内设计：时间

b. 可以用来调整显著平均检定的自由度。更正的检定显示在主旨内效果检定表格中

表 5 - 2 - 6　主旨内效果检定

测量：MEASURE_ 1

来源		第Ⅲ类平方和	df	平均值平方	F	显著性	局部 Eta 方形
时间	假设的球形	34.241	1	34.241	1.757	.188	.016
	Greenhouse - Geisser	34.241	1.000	34.241	1.757	.188	.016
	Huynh - Feldt	34.241	1.000	34.241	1.757	.188	.016
	下限	34.241	1.000	34.241	1.757	.188	.016
时间 * 教学方式	假设的球形	439.185	1.000	1.000	439.185	.000	.175
	Greenhouse - Geisser	439.185	1.000	1.000	439.185	.000	.175
	Huynh - Feldt	439.185	1.000	1.000	439.185	.000	.175
	下限	439.185	1.000	1.000	439.185	.000	.175

续 表

来源		第Ⅲ类平方和	df	平均值平方	F	显著性	局部 Eta 方形
Error 时间	假设的球形	2065.574	106	19.487			
	Greenhouse – Geisser	2065.574	106	19.487			
	Huynh – Feldt	2065.574	106	19.487			
	下限	2065.574	106	19.487			

表 5 - 2 - 7　主旨内对照检定

		测量：MEASURE_ 1					
来源	时间	第Ⅲ类平方和	df	平均值平方	F	显著性	局部 Eta 方形
时间	线性	34.241	1	34.241	1.757	.188	.016
时间 * 教学方式	线性	439.185	1	439.185	22.538	.000	.175
Error （时间）	线性	2065.574	106	19.487			

表 5 - 2 - 8　主旨间效果检定

	测量：MEASURE_ 1					
	转换的变量：平均					
来源	第Ⅲ类平方和	df	平均值平方	F	显著性	局部 Eta 方形
截距	1817200.667	1	1817200.667	3559.504	.000	.971
教学方式	411.130	1	411.130	.805	.372	.008
错误	54115.204	106	510.521			

（2）边缘平均数估计

表 5 - 2 - 9　教学方式

测量：MEASURE_ 1				
教学方式	平均数	标准错误	95%信赖区间	
			下限	上限
对照班 Y 班	90.343	2.174	86.032	94.653
实践班 X 班	93.102	2.174	88.791	97.412

表 5 - 2 - 10　时间

测量：MEASURE_ 1				
时间	平均数	标准错误	95%信赖区间	
			下限	上限
1	91.324	1.776	87.804	94.844
2	92.120	1.325	89.494	94.747

表 5 - 2 - 11　教学方式 ＊ 时间

测量：MEASURE_ 1					
教学方式	时间	平均数	标准错误	95%信赖区间	
				下限	上限
对照班 Y 班	1	91.370	2.511	86.392	96.349
	2	89.315	1.873	85.601	93.029
对照班 Y 班	1	91.278	2.511	86.299	96.256
	2	94.926	1.873	91.212	98.640

（3）剖面图

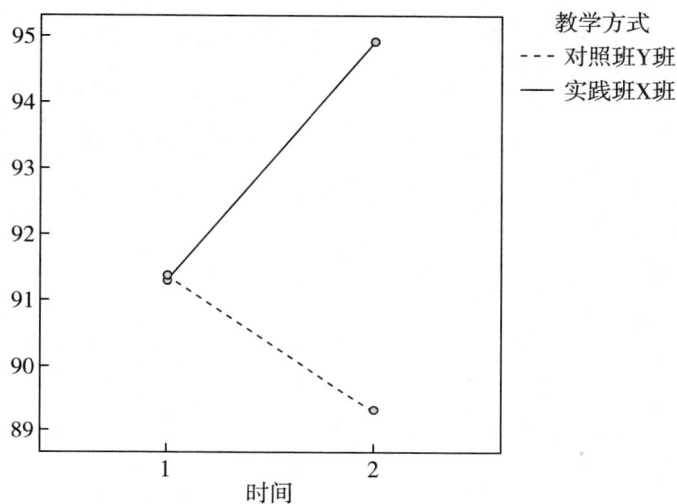

图 5 - 2 - 1　剖面图

（4）T 检定

表 5 - 2 - 12　群组统计资料

	教学方式	N	平均数	标准偏差	标准错误平均值
数学前测	对照班 Y 班	54	91.37	15.887	2.162
	实践班 X 班	54	91.28	20.703	2.817
数学后测	对照班 Y 班	54	89.31	13.943	1.897
	实践班 X 班	54	94.93	13.587	1.849

表 5 - 2 - 13 独立样本检定

		Levene 的变异数相等测试		针对平均值是否相等的 t 测试						
		F	显著性	T	*df*	显著性（双尾）	平均差异	标准误差	95% 差异数的信赖区间	
									下限	上限
数学前测	采用相等变异数	2.050	.155	.026	106	.979	.093	3.551	-6.948	7.133
	不采用相等变异数			.026	99.347	.979	.093	3.551	-6.954	7.139
数学后测	采用相等变异数	.000	.998	-2.118	106	.037	-5.611	2.649	-10.864	-.359
	不采用相等变异数			-2.118	105.929	.037	-5.611	2.649	-10.864	-.359

二、课堂观察案例分析

"探究水温的变化规律"的案例分析

一、分析与讨论

本节课是笔者 2020 年末在 H 学校进行的教学实践。本次授课中，由

L教师旁听，L教师执教十多年，在高一年级承担两个班级的数学教学任务。

结合笔者的上课感受来看，整体课堂气氛较好，学生表现较为积极。大部分学生都能在问题的引导下积极思考。通过回答三个问题，学生归纳出热水温度会下降是因为热的传递，热的传递须要满足水与室温具有温度差。热量从温度高的地方向温度低的地方扩散，如果不具有温差，那么水温不变。这三个问题让学生了解到，水的降温模型是一个有界函数，水温到最后会无限接近室温。为了进一步深入了解课堂情况，笔者X对L教师以及A和B两名听课学生进行了访谈。

（一）听课教师对教学的反馈

X：针对本节课的教学思路以及教学效果，您有什么看法？

L：可以从四点来看，第一，教学活动以您设计的"问题链"进行驱动，让学生了解到水温降低是因为物理学中的热传递，并且热传递是需要温差的，体现了学科的融合运用，这种方式更能调动学生的积极性。但要注意的是，"问题链"是需要精心设计的，让学生自己通过分析讨论得到结果尤为精彩。如果对于其他数学基础较弱的班级，可能还需要教师引导，因为有部分学生不了解这三个问题设置的目的，也就是说没有意识去找有下界的函数。第二，在操作实践之前，须要讲清楚实践注意的事项，本节课有所忽视。虽然这一堂课是数学课，但同时也是学习活动实践课，要兼顾实践的规范操作，避免突发事情的发生。第三，展示了实践步骤之后，单元小组学生合作完成，共同探讨，学生积极性很高，实现了真正意义上的以学生为主体的教学理念。第四，小组展现实践成果，每个组都选取了两个物理模型，并且通过预测值与实际的值来判断两个模型的优劣，是比较新颖的一种方法。通过这一次实践，学生亲自体验了建模的完整过程，这会让学生对数学知识有更深层次的认识。

课堂观察中我发现，每一个学生都能投入实践的过程当中，整个教学过程中学生们都挺活跃，大部分学生都画出散点图，并且能根据曲线的走势选择相应的模型。总而言之，本节课的教学效果是不错的。

从 L 教师的听课教学反馈来看，本堂课作为数学单元学习活动课，应该以学生为中心，在"问题链"的驱动下，学生能体会到从读数、画散点图、连线观察走势、选择合适模型、验证模型的准确性这一完整的过程，有利于提高学生的动手能力以及数学知识的运用能力，激发学生对数学的学习兴趣。

（二）学生对教学的反馈

从所授课班级中选取学生 A、学生 B 两名学生进行访谈（表 5 – 2 – 14）。

表 5 – 2 – 14　单元学习活动课后访谈表

访谈对象	学生 A 和学生 B	访谈人	X 教师
访谈记录	X：你认为这节课与以往的课堂有什么区别？你的感受是怎样的？ A：这节课和以往的课堂有所区别。以前都是老师您在上面讲，然后让我们做题。但是这一次课堂上多数时间是让我们自己动手操作，去探究发现。总而言之，这堂课感觉时间过得很快，我也很开心，觉得数学课也不会那么枯燥，也可以是有趣的。 B：以往的课堂都是老师告诉我们知识，然后练习，而这堂课是让我们自己动手发现。至于感受，我有一种这不是数学课但又富含数学知识的感觉。能通过自己动手建立一个数学模型来描述水温变化，比做对题目更有成就感。 X：你认为这堂课应掌握哪些重点内容？你从这堂课中领悟了哪些数学方法？ A：我觉得这节课的重点是运用对数函数和指数函数的性质解决问题。在选择模型的过程中，体会到数形结合的思想方法。 B：应该是学会根据散点图走势，选择相应的函数模型。根据所得的数据，将值代入模型，将对数函数和指数函数的参数求解出来。我体会到类比的思想方法。		

访谈记录	X：你对这节课有什么教学建议吗？ A：这节课没有怎么解题，但是我似乎学会了如何分析问题和解决问题，并运用本单元的数学内容解决生活中的问题，感觉很好。 B：我认为挺好的，我非常喜欢这种教学方式，在做中学，在研中学，让人受益匪浅。

综上，"探究水温的变化规律"这一单元学习活动取得了预期的效果，以学生为学习的主体、课堂的主角，能让学生更好地掌握数学知识，激发学生的学习兴趣，减少学生对数学的畏惧心理，使学生学会运用单元数学知识解决生活中的问题。

二、反思与总结

本堂课结合本单元学习内容和生活实际，通过单元学习活动设计，教学中以"问题链"驱动的方式，引导学生独立思考。教师退居幕后，将课堂留给学生。学生通过动手操作，单元小组之间讨论合作完成。学生作为课堂的主角，充分调动了积极性，有足够的时间独立思考，亲身体会完整的实践过程。本次单元学习活动实现了让学生"在学中玩和玩中学"的教学理念。但不足之处在于，在学生做活动之前，没有强调活动的规范步骤，而只强调了数学知识在活动中的运用。

三、向学生发放调查问卷的结果及分析

1. 调查对象

全程参与高中数学单元教学整体生成策略实施的高一（X）班学生。

2. 调查方法

行动研究前，给调查对象发放学生版调查问卷供调查对象填写。在开展为期1年的高中数学单元教学后，发放同一份学生版调查问卷再一

次供调查对象填写，随后收集行动研究前后的统计数据进行对比并系统分析。

3. 问卷信度和效度

为保证问卷的科学性和有效性，在问卷编制过程中，向数名专家、中学资深教师进行咨询，并进行多次修改。围绕高中数学单元教学整体生成策略实施前后的情况，随机选择部分学生进行问卷调查，该问卷总体的 Cronbach's Alpha 值为 0.923，大于 0.9，表明问卷题目之间的一致性高，信度好。

关于效度分析，我们对第一份问卷的数据进行因子分析。如表 5 - 2 - 15 所示，其中 KMO 系数为 0.894，非常接近于 1，说明该问卷的结构效度较好。通过巴特利特球形检验，其中显著性小于 0.05。我们可以认为在 95% 的置信区间内该问卷具有良好的结构效度。

表 5 - 2 - 15　因子分析检测

KMO 和巴特利特球形检验		
KMO 系数		0.894
巴特利特球形检验	近似卡方	5923.428
	显著性	< 0.05

4. 数据分析

由图 5 - 2 - 2 和图 5 - 2 - 3 可以看出，实践前喜欢或很喜欢高中数学的学生仅占 32.15%，有 57.14% 的学生表示对高中数学谈不上喜欢，还有 10.71% 的学生表示厌恶高中数学，提示实践前学生对高中数学的喜欢程度总体偏低。而实践后，表示很喜欢、喜欢高中数学的学生分别占比 37.93%、44.83%，仅有 13.79% 的学生表示谈不上喜欢高中数学和 3.45% 的学生表示厌恶高中数学。通过统计学差异检验分析实践前后的学生对数学学习态度的转变，结果有显著差异。由此可见，整体生成策略对提高学生的高中数学的兴趣有明显的促进作用。高中数学单元教学整体生成策略提倡以问题为驱动、以积极探究为导向，这赋予学生主动思考的机会，锻炼了学生独立思考的能力，学生的学习态度得到极大改善。

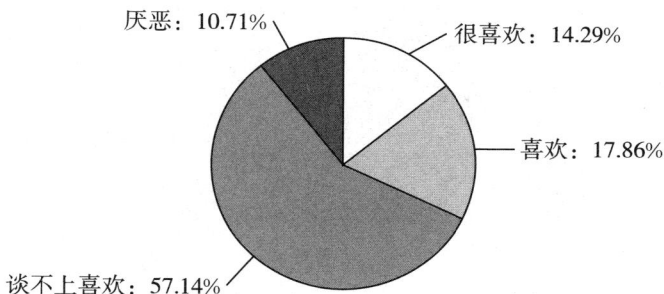

厌恶：10.71%　很喜欢：14.29%　喜欢：17.86%　谈不上喜欢：57.14%

图5-2-2　实践前学生对高中数学的态度

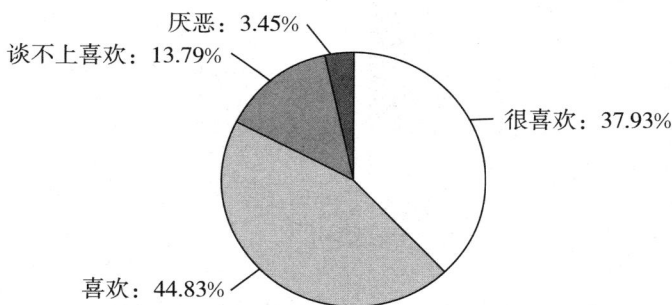

厌恶：3.45%　谈不上喜欢：13.79%　很喜欢：37.93%　喜欢：44.83%

图5-2-3　实践后学生对高中数学的态度

从图5-2-4可知，在未实施高中数学单元教学整体生成策略之前，46.43%的学生对高中数学不是很自信，感觉仍需努力，10.71%的学生认为学习高中数学非常困难，仅有14.29%的学生对高中数学充满信心，28.57%的学生也表示比较有把握。对比图5-2-5可看出，实践后学生对高中数学的自信程度有大幅度的提升。41.38%的学生表示对高中数学充满自信，37.93%的学生表示比较有把握，17.24%的学生表示学习高中数学仍需努力，只有极少数学生表示学习高中数学非常困难。以上结果提示，整体生成策略可有效增强学生学习高中数学的信心，学生信心的提升有赖于学生从整体生成策略中获得学习数学的成就感。

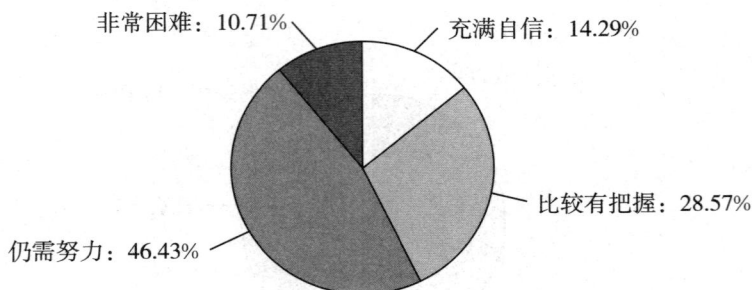

非常困难：10.71%　　　　充满自信：14.29%

比较有把握：28.57%

仍需努力：46.43%

图 5 - 2 - 4　实践前学生对高中数学的自信程度

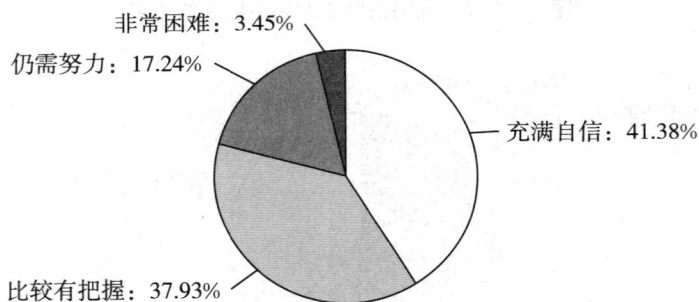

非常困难：3.45%

仍需努力：17.24%

充满自信：41.38%

比较有把握：37.93%

图 5 - 2 - 5　实践后学生对高中数学的自信程度

由 5 - 2 - 6 可知，实践前只有 21.43% 的学生表示经常预习，14.29% 的学生表示偶尔预习，32.14% 的学生表示几乎没有预习，还有 32.14% 的学生表示从来没有预习过。高中数学单元教学整体生成策略注重单元多维评价，学生若想在单元学习小组的互评中得到肯定，则要养成课前预习的习惯，以便更好 f 参与单元学习小组的活动。由图 5 - -7 可以看出，实践后超过一半的学生表示经常预习，37.93% 的学生表示偶尔预习，仅有 10% 左右的学生表示几乎没有或从来没有预习高中数学。

可见，采用整体生成策略有助于学生养成预习的好习惯，有利于提升数学学习效果。

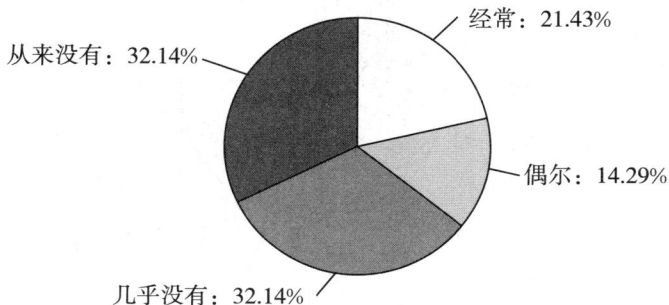

图 5 - 2 - 6　实践前学生对高中数学的预习频率

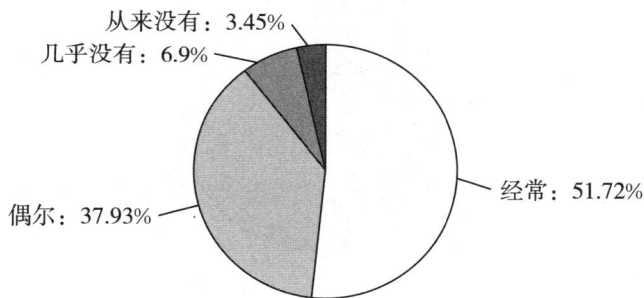

图 5 - 2 - 7　实践后学生对高中数学的预习频率

通过观察图 5 - 2 - 8 可知，实践前有预习习惯的学生在预习时选择的范围有所不同，30% 的学生每次预习通常只预习 1 个课时，40% 的学生选择预习 2～3 个课时，10% 的学生选择预习 1 个单元，还有 20% 的学生选择其他的预习范围。由图 5 - 2 - 9 可看出，经过一段时间的单元教学实践后，多数学生的预习范围更偏向于 2～3 个课时或 1 个单元。11. 54% 的学生选择每次预习 1 个课时，42. 31% 的学生选择每次预习 2～3 个课时，还有 46. 15% 的学生选择每次预习 1 个单元。由此可见，整体生成策略使学生对高中数学的学习慢慢地从零碎式的学习转变为整体

"通观"，这更有助于学生对数学知识体系的整体把握。

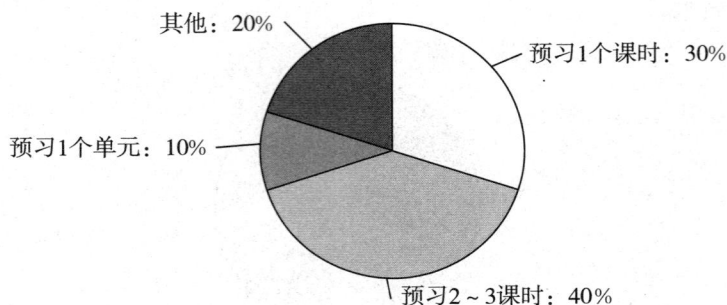

图 5 - 2 - 8　实践前学生通常会选择的预习范围

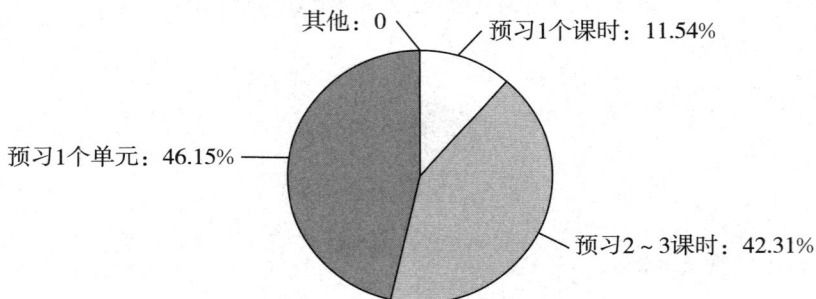

图 5 - 2 - 9　实践后学生通常会选择的预习范围

　　由图 5 - 2 - 10 统计数据可知，实践前，42.86% 的学生认为的自己数学课堂学习效率较低，10.71% 的学生认为自己的数学课堂学习效率低，14.29% 的学生认为自己的课堂学习效率高，还有 32.14% 的学生认为自己的数学课堂学习效率较高。由图 5 - 2 - 11 可以看出，实践后，37.93% 的学生认为自己的数学课堂学习效率高，44.83% 的学生认为自己的数学课堂学习效率较高，13.79% 的学生认为自己的课堂学习效率较低，只有 3.45% 学生认为自己的课堂学习效率低。由此可得出，整体生成策略可在一定程度上改进学生的学习方法，对于课堂学习效率的提高起到了一定的积极作用。

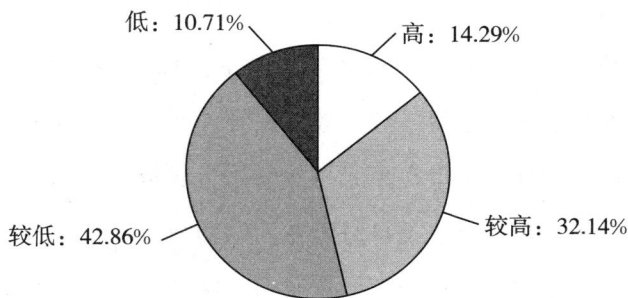

图 5 - 2 - 10　实践前学生认为自己数学课堂的学习效率

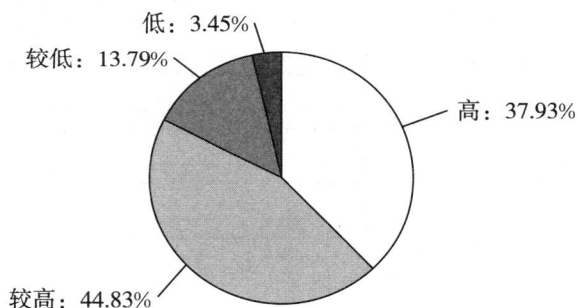

图 5 - 2 - 11　实践后学生认为自己数学课堂的学习效率

高中数学单元教学整体生成策略实施后，学生认为自己在课堂上的关注点也有所改变。由图 5 - 2 - 12 可看出，实践前，64.29% 的学生在课堂上更关注对知识点的理解与巩固，67.86% 的学生在课堂上更关注老师的解题过程与方法，82.14% 的学生在课堂上更关注哪些是高考的重要考点，64.29% 的学生在课堂上更关注自己思考问题的角度与思维的提升，53.57% 的学生在课堂上更关注提升自己的核心素养。由图 5 - 2 - 12 可看出，实践后，41.38% 的学生在课堂上更关注对知识点的理解与巩固，79.31% 的学生在课堂上更关注老师的解题过程与方法，27.59% 的学生在课堂上更关注哪些是高考的重要考点，79.31% 的学生在课堂上更关注自己思考问题的角度与思维的提升，还有 65.52% 的学生在课堂上更关注提升自己的核心素养，如数学建模思想等。

我们分析，传统的教学方式下学生的主体地位得不到很好的体现，其思维能力和核心素养也得不到有效的提升，而整体生成策略赋予了学生课堂学习的主动性。学生在单元教学整体生成策略的课堂上，不再只是关注重点知识，而是更注重自身思考问题的角度与思维的提升，触类旁通，能够将所学知识迁移到其他领域内，这种方式能提升学生的数学核心素养。

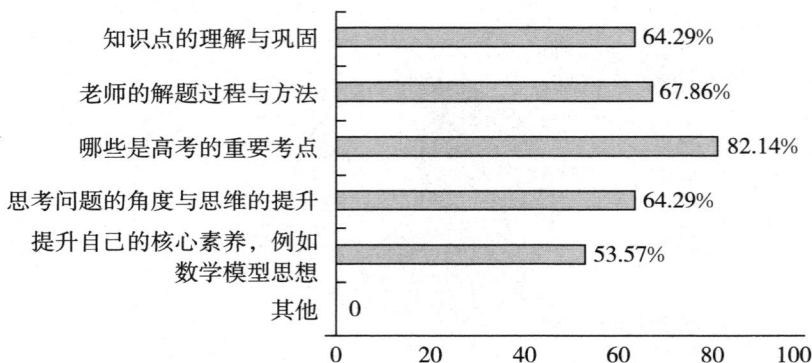

图 5 - 2 - 12　实践前学生在高中数学课堂上的关注点

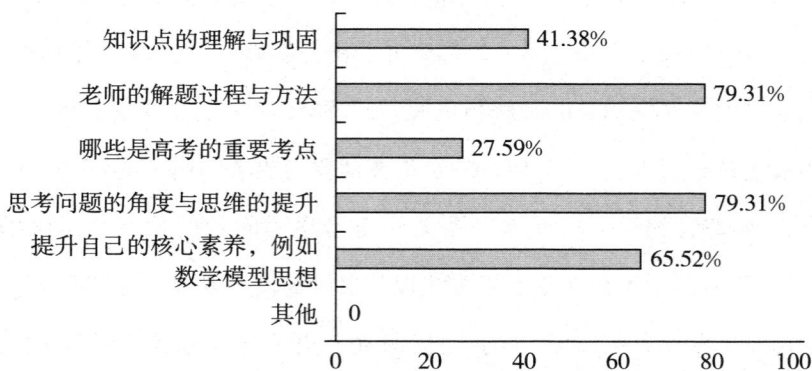

图 5 - 2 - 13　实践后学生在高中数学课堂上的关注点

教师教学方式的调整，其重要意义之一是对学生当下的学习更有帮助，特别是提高学生的基础知识、技能、思想、活动经验，以及发现和提出问题的能力、分析和解决问题的能力。由图 5 - 2 - 14 可以看出，实践前，10.71% 的学生认为当下的数学教学方式对自己的学习帮助很大，25% 的学生认为有帮助，而认为目前的教学方式对自身学习益处不大的学生占比 46.43%，认为毫无帮助的学生占比 17.86%。由图 5 - 2 - 15 可以看出，实践后，48.28% 的学生认为当下的数学教学方式对自己的学习有很大的帮助，37.93% 的学生认为有帮助，10.34% 的学生认为当下的数学教学方式对自己的学习帮助不大，仅有 3.45% 的学生认为没有帮助。从实践前后数据比例的变化，可见整体生成策略更加符合学生的认知发展规律，对高中数学的学习更有帮助。

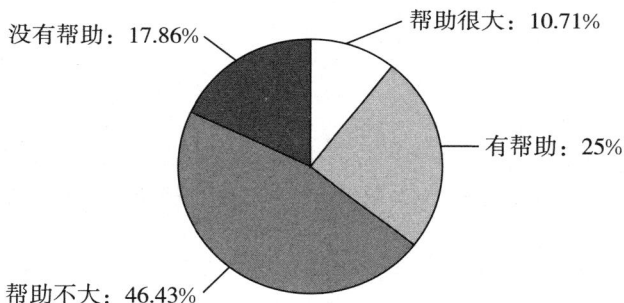

图 5 - 2 - 14　实践前学生认为当下的数学教学方式对自己学习起到的作用

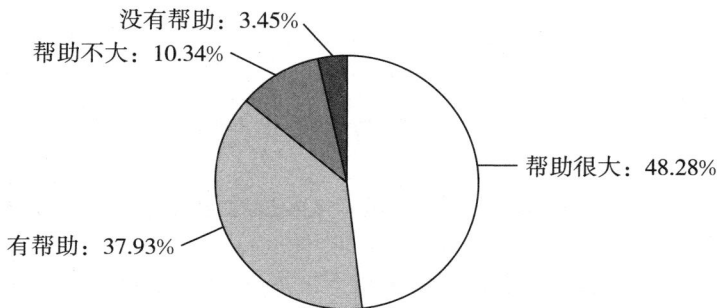

图 5 - 2 - 15　实践后学生认为当下的数学教学方式对自己学习起到的作用

由图 5 – 2 – 16 可以看出，实践前，有 42.86% 的学生认为在数学课上自己的"四基""四能"有提升，28.57% 的学生认为没有提升，还有 28.57% 的学生无法判断在数学课上自己的"四基""四能"是否有所提升。由图 5 – 2 – 17 可以看出，实践后，有 79.32% 的学生认为在数学课上能提升自己的"四基""四能"，10.34% 的学生认为没有提升，10.34% 的学生表示不确定。由此可看出，高中数学单元教学整体生成策略更贴近新课程标准的要求，更能强化学生的"四基""四能"。

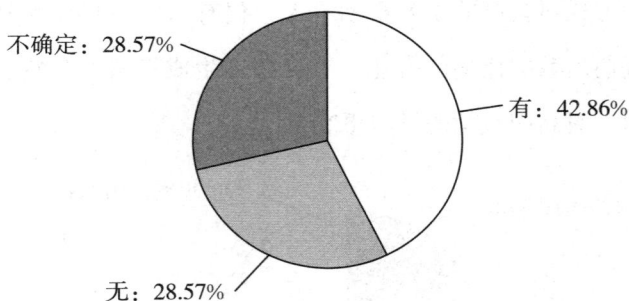

不确定：28.57%

有：42.86%

无：28.57%

图 5 – 2 – 16 实践前学生认为数学课对自己的四基四能是否有所提升

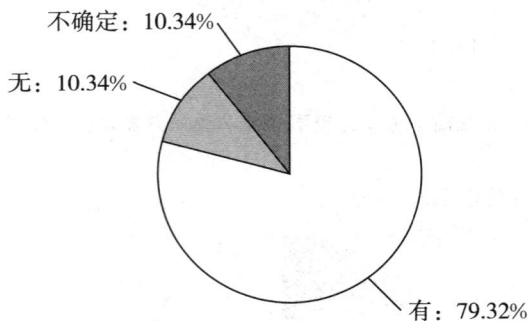

不确定：10.34%

无：10.34%

有：79.32%

图 5 – 2 – 17 实践后学生认为数学课对自己的四基四能是否有所提升

教师提问与小组讨论是数学课堂不可或缺的一部分，既能调动课堂氛围，及时发现学生问题，又能促进学生独立思考，激发学生的合作和创新意识等。学生的态度在一定程度上可以表现出学生课堂回答问题和小组讨论的积极性。由 5 – 2 – 18 可知，实践前，只有 14.29% 的学生在数学课上对教师提问和小组讨论很积极，28.57% 的学生在数学课上积极地对待教师提问和小组讨论，35.71% 的学生对数学课上教师提问和小组讨论的态度一般，21.43% 的学生表示不感兴趣。由图 5 – 2 – 19 可看出，实践后，41.38% 的学生对数学课上教师提问和小组讨论很积极，41.38% 的学生在数学课上积极对待教师提问和小组讨论，13.79% 的学生对数学课上教师提问和小组讨论的态度一般，仅有 3.45% 的学生表示不感兴趣。结合以上数据分析可得出，整体生成策略回归学生本位，学生课堂互动与单元小组合作的积极性会大大提高。

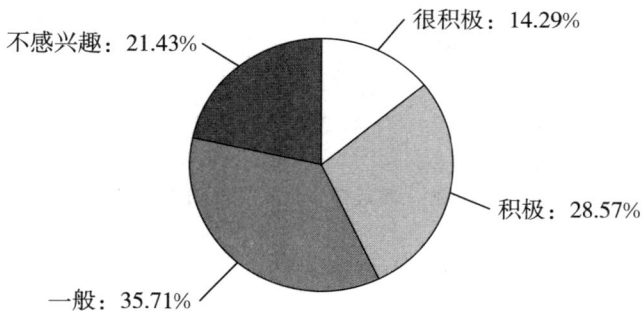

图 5 – 2 – 18　实践前学生在数学课上对教师提问和小组讨论的态度

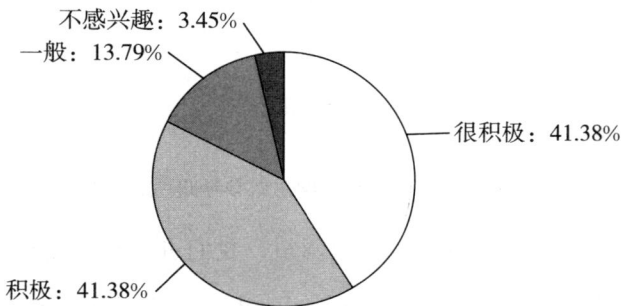

图 5 – 2 – 19　实践后学生在数学课上对教师提问和小组讨论的态度

调查实践前学生课后有无做数学归纳的习惯，结果如图 5 – 2 – 20 所示，14.29%的学生选择每堂课后归纳一次，28.57%的学生选择每周归纳一次，32.14%的学生选择一个月归纳一次，17.86%的学生选择不定时归纳，还有 7.14%的学生表示没有归纳的习惯。由图 5 - 2 - 21 可看出，实践后，34.48%的学生选择每堂课后归纳一次，34.48%的学生选择每周归纳一次，17.24%的学生选择一个月归纳一次，还有 13.80%的学生会不定时归纳。

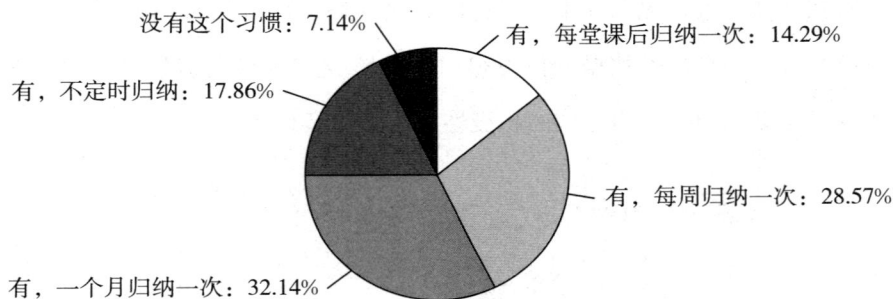

没有这个习惯：7.14%　有，每堂课后归纳一次：14.29%
有，不定时归纳：17.86%
有，每周归纳一次：28.57%
有，一个月归纳一次：32.14%

图 5 - 2 - 20　实践前学生做数学归纳的习惯

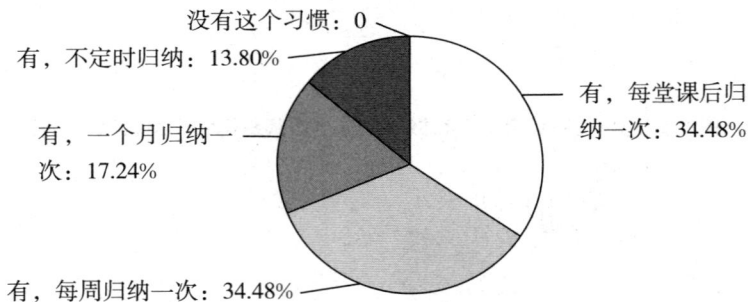

没有这个习惯：0
有，不定时归纳：13.80%
有，一个月归纳一次：17.24%
有，每堂课后归纳一次：34.48%
有，每周归纳一次：34.48%

图 5 - 2 - 21　实践后学生做数学归纳的习惯

面对学生数学归纳习惯的稍微调整，我们进一步对整体生成策略对学生问题解决过程经验总结和数学知识归纳的影响进行调查，如图 5 - 2 - 22 和图 5 - 2 - 23 所示。实践前，35.71%的学生认为整体生成教学策略能起到一定的积极作用，39.29%的学生持相反的意见，认为整体生成策略对问题解决过程经验的总结和数学知识的归纳没有帮助，还有25%的学生表示不确定。实践后，86.21%的学生认为整体生成策略能起到积极的作用，少数学生认为没有帮助或不确定。

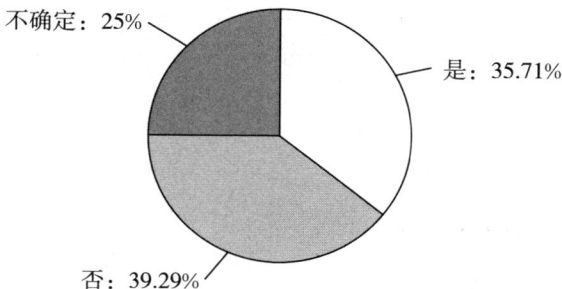

图 5 - 2 - 22　实践前学生认为整体生成策略对问题解决

过程经验总结和数学知识归纳是否有帮助

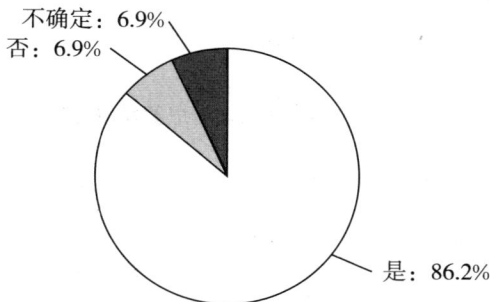

图 5 - 2 - 23　实践后学生认为整体生成策略对问题解决

过程经验总结和数学知识归纳是否有帮助

以上两个调查结果表明，在高中数学单元教学整体生成策略实施以后，学生能够较好地总结问题的解决经验以及数学知识，更能促进学生实现知识的网状建构。

由图 5 - 2 - 24 可知，实践前仅有 25% 的学生完成数学练习后会对一些问题进一步思考，研究是否存在一题多解、学会解一题通一类，32.14% 的学生表示完成数学练习后有时对一些问题还会进一步思考，35.71% 的学生表示不知怎样思考，还有 7.14% 的学生表示自己没有考虑过思考。由图 5 - 2 - 25 可知，实践后，超过一半的学生每次完成数学练习后会对一些问题进一步思考，41.38% 的学生完成后有时对一些问题还会进一步思考，少数学生表示不知道怎样思考。由此可见，整体生成策略鼓励学生独立思考、深度思考，这有利于促进学生思维方式的转变，有利于调动学生学习的热情，深度思考的习惯将会是学生一生受用不尽的财富。

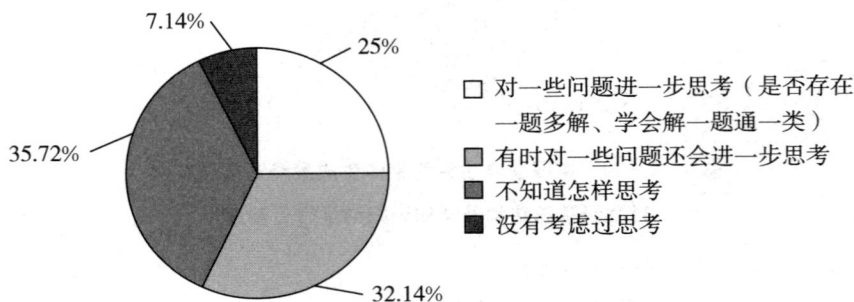

图 5 - 2 - 24　实践前学生每次完成数学练习后的做法

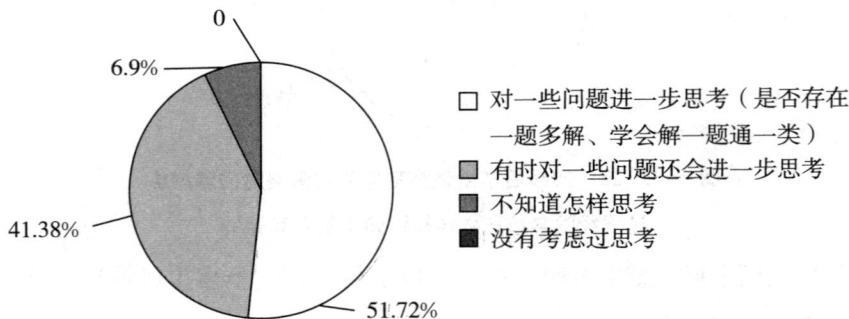

图 5 - 2 - 25　实践后学生每次完成数学练习后的做法

由图 5 - 2 - 26 可知，实践前，17.86% 的学生在学习高中数学的过程中经常关注并总结知识点之间的联系，25% 的学生偶尔关注，35.71% 的学生很少关注，还有 21.43% 的学生没有关注。由图 5 - 2 - 27 可看出，实践后，超过一半的学生在学习高中数学的过程中经常关注并总结知识点之间的联系，34.48%的学生偶尔关注，仅有 6.9% 的学生很少关注。由此可见，整体生成策略更有利于学生形成完整的知识链条和结构体系。

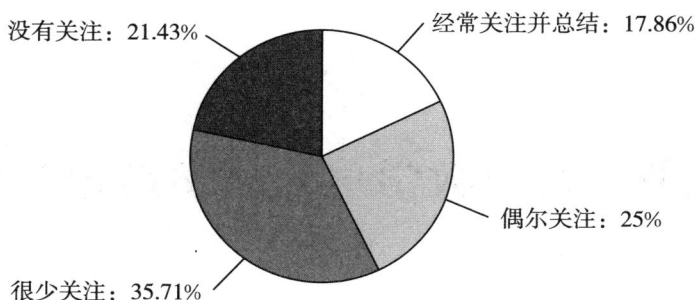

图 5 - 2 - 26　实践前学生对知识点之间联系的关注度

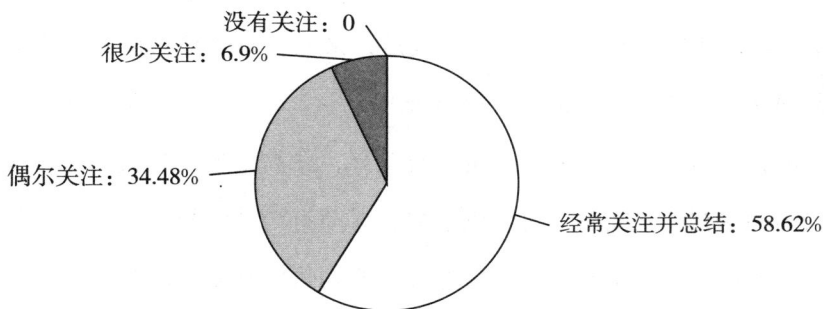

图 5 - 2 - 27　实践后学生对知识点之间联系的关注度

第三节　高中数学单元教学结论与展望

从学生的数学成绩来看，在教学实践前，两组没有差异，$t(106) = 0.03$，$p = 0.979 > 0.05$，在教学实践后，采取整体生成策略的班级数学成绩显著好于普通教学班级，$t(106) = -2.12$，$p = 0.037 < 0.05$。数据表明，在行动研究之前，两组没有差异，在高中数学单元教学整体生成策略两轮行动研究后，两个班的数学成绩有统计学意义上的显著性差异，采取高中数学单元教学整体生成策略的班级数学成绩显著好于普通教学班级。

从单元学习活动的课堂观察来看，研究者结合本单元学习内容和生活实际，整体设计了学习活动，教学中以"问题链"驱动的方式，引导学生独立思考。教师退居幕后，将课堂留给学生。学生通过动手操作，小组之间讨论合作完成。学生作为课堂的主角，具有较强的积极性和充分时间独立思考，亲身体会完整的实践过程，在数学核心素养方面获得提升，学生充分经历数学化活动。

从对学生的问卷调查结果来看，在行动研究后，学生对数学的兴趣有所提升，数学学习的习惯更好，对数学课堂的认可度提高等。

高中数学单元教学是教育界越来越热门的话题，它在《普通高中数学课程标准（2017 年版 2020 年修订）》中被重点提倡。笔者在理论的指导下，力图从本体上认识高中数学单元教学，对高中数学单元教学整体生成策略进行构建，并做了大量的教学实践，但教学的复杂性、情境性和差异性，决定了不可能有放之四海而皆准的、完全适用的教学策略，但希望通过这个艰辛的探索过程，能对一线教师在高中数学单元教学的理解和教学策略的运用方面有所启发。高中数学单元教学符合数学新课程改革的要求，它的提出对数学的教学改革产生了不可估量的作用。我们应通过不断的研究和实践来优化高中数学单元教学整体生成策略，努力为教育事业拓展一片新的世界。

参考文献

中文著作

[1] 张广君. 教学本体论 [M]. 兰州：甘肃教育出版社，2002.

[2] 安桂清. 整体课程论 [M]. 上海：华东师范大学出版社，2007.

[3] 约翰·哈蒂. 可见的学习：对800多项关于学业成就的元分析的综合报告 [M]. 彭正梅，译. 北京：教育科学出版社，2015.

[4] 曹才翰，章建跃. 数学教育心理学 [M]. 2版. 北京：北京师范大学出版社，2006.

[5] 陈向明. 质的研究方法与社会科学研究 [M]. 北京：教育科学出版社，2000.

[6] 陈瑶. 课堂观察指导 [M]. 北京：教育科学出版社，2002.

[7] 夏征农，陈至立. 辞海 [M]. 上海：上海辞书出版社，2009.

[8] 单中惠. 西方教育思想史 [M]. 北京：教育科学出版社，2007.

[9] 杜萍. 有效课堂管理：方法与策略 [M]. 北京：教育科学出版社，2008.

[10] 冯契. 哲学大辞典 [M]. 上海：上海辞书出版社，1992.

[11] 高文. 现代教学的模式化研究 [M]. 济南：山东教育出版社，2000.

［12］章建跃. 高中数学核心内容教学设计案例集：上 ［M］. 北京：人民教育出版社，2014.

［13］格兰特·威金斯，杰伊·麦克泰格. 追求理解的教学设计 ［M］. 上海：华东师范大学出版社，2017.

［14］顾明远. 教育大辞典（增订合编本）［M］. 上海：上海教育出版社，1998.

［15］顾明远. 中国教育大百科全书：第 1 卷 ［M］. 上海：上海教育出版社，2012.

［16］罗竹风. 汉语大词典 ［M］. 上海：汉语大词典出版社，1992.

［17］胡小勇. 问题化教学设计：信息技术促进教学改革 ［M］. 北京：教育科学出版社，2006.

［18］华罗庚. 聪明在于勤奋　天才在于积累 ［M］. 北京：中国少年儿童出版社，2006.

［19］华罗庚. 华罗庚科普著作选集 ［M］. 上海：上海教育出版社，1984.

［20］加里·D. 鲍里奇. 有效教学方法 ［M］. 南京：江苏教育出版社，2002.

［21］杰罗姆·布鲁纳. 布鲁纳教育文化观 ［M］. 宋文里，黄小鹏，译. 北京：首都师范大学出版社，2012.

［22］康德. 纯粹理性批判 ［M］. 韦卓民，译. 武汉：华中师范大学出版社，2000.

［23］李秉德，檀仁梅. 教育科学研究方法 ［M］. 北京：人民教育出版社，2001.

［24］李昌官. 高中数学研究型教学 ［M］. 上海：华东师范大学出版社，2019.

［25］梁启超．中学以上作文教学法［M］．北京：中华书局，民国一十一年．

［26］林少杰．"非线性主干循环活动型"单元教学模式的建构与实施［M］．上海：华东师范大学出版社，2005．

［27］刘放桐．新编现代西方哲学［M］．北京：人民出版社，2000．

［28］马克思，恩格斯．马克思恩格斯文集：第4卷［M］．北京：人民出版社，2009．

［29］马兰，张文杰．教学设计［M］．北京：高等教育出版社，2012．

［30］迈克尔·富兰．教育变革新意义［M］．赵中健，陈霞，李敏，译．北京：教育科学出版社，2005．

［31］斯蒂芬·F. 梅森．自然科学史［M］．周煦良，全增暇，傅季重，译．上海：上海译文出版社，1984．

［32］米山国藏．数学的精神、思想和方法［M］．毛正中，吴素华，译．成都：四川教育出版社，1986．

［33］诺伯特·M. 西尔，山尼·戴克斯特拉．教学设计中课程、规划和进程的国际观［M］．任友群，译．北京：教育科学出版社，2009．

［34］萨特．存在与虚无［M］．陈宣良，译．北京：生活·读书·新知三联书店，1987．

［35］施良方，崔允漷．教学理论：课堂教学的原理、策略与研究［M］．上海：华东师范大学出版社，1998．

［36］费尔迪南·德·索绪尔．普通语言学教程［M］．北京：商务印书馆，1980．

［37］王敬东．教学法辞典［M］．济南：山东教育出版社，1992．

［38］邬焜．古代哲学中的信息、系统、复杂性思想［M］．北京：商务

印书馆，2010.

［39］徐珍．中外教学法演进［M］．北京：群言出版社，1996.

［40］叶圣陶．叶圣陶语文教育论文集［M］．北京：教育科学出版社，1980.

［41］喻平．数学教学心理学［M］．北京：北京师范大学出版社，2010.

［42］约翰·杜威．民主主义与教育［M］．北京：人民教育出版社，2001.

［43］约翰·D.布兰思福特．人是如何学习的：大脑、心理、经验及学校（扩展版）［M］．程可拉，孙亚玲，王旭卿，译．上海：华东师范大学出版社，2013.

［44］张斌贤．西方教育思想史［M］．北京：人民教育出版社，2011.

［45］张传开．古希腊哲学范畴的逻辑发展［M］．南京：南京大学出版社，1987.

［46］张春兴．教育心理学：三化取向的理论与实践（修订版）［M］．杭州：浙江教育出版社，1998.

［47］张奠宙，王善平．陈省身传［M］．天津：南开大学出版社，2004.

［48］黑格尔．小逻辑［M］．贺麟，译．北京：商务印书馆，1980.

［49］赵世明，王君．问卷编制指导［M］．北京：教育科学出版社，2006.

［50］中华人民共和国教育部．普通高中数学课程标准（2017年版）［M］．北京：人民教育出版社，2018.

［51］中华人民共和国教育部．普通高中数学课程标准（2017年版2020年修订）［M］．北京：人民教育出版社，2020.

[52] 钟启泉. 现代课程论 [M]. 上海：上海教育出版社，1989.

[53] 杜石然. 中国科学技术史稿：上 [M]. 北京：科学出版社，1982.

[54] A. N. 怀特海. 科学与近代世界 [M]. 何钦，译. 北京：商务印书馆，1959.

◣ 中文期刊

[1] 张广君. 教学存在的本质透视 [J]. 西南师范大学学报（人文社会科学版），2000（4）：65 – 70.

[2] 张广君. 教学存在的建构交往观：内涵·特征·意义 [J]. 西北师大学报（社会科学版），2001（6）：5 – 11.

[3] 张广君. 教学基本智能 [J]. 内蒙古师大学报（社会科学版），2000（4）：53 – 57.

[4] 张广君. 论教学本体论 [J]. 宁夏大学学报（人文社会科学版），2001（1）：5 – 11 + 127.

[5] 张广君. 论教学存在的整体分析框架 [J]. 青海师范大学学报（哲学社会科学版），2002（2）：116 – 119.

[6] 张广君. 论教学功能的当代取向：兼论当代中国教学文化的应然选择 [J]. 高等教育研究，2007（7）：84 – 89.

[7] 张广君. 生成论教学哲学的核心观点 [J]. 当代教育与文化，2012（2）：36 – 44.

[8] 张桂敏. 试析道家思想的整体观 [J]. 枣庄学院学报，2007（4）：25 – 26.

[9] 崔楚民. 单元整体教学，从知识到素养的桥梁 [J]. 教育家，2021（7）：64 – 65.

[10] 崔允漷. 如何开展指向学科核心素养的大单元设计 [J]. 北京教育（普教版），2019（2）：11 – 15.

［11］崔允漷. 学科核心素养呼唤大单元教学设计［J］. 上海教育科研，
 2019（4）：1.

［12］戴永. 数学命题教学的"温故知新"策略［J］. 数学教育学报，
 2009，18（2）：32－34.

［13］邓福生. 高中数学高效课堂之问题设计［J］. 中学数学，2020
 （9）：23－24.

［14］邓羽茜，张广君. 走向持续生成的教学实践：动力、困厄与出路
 ［J］. 天津师范大学学报（基础教育版），2017（4）：1－6.

［15］段作章. 教学理念向教学行为转化的内隐机制［J］. 教育研究，
 2013，34（8）：103－111.

［16］顿继安，何彩霞. 大概念统摄下的单元教学设计［J］. 基础教育
 课程，2019（18）：6－11.

［17］冯玉兰. 高中数学教学中创造性思维能力的培养分析［J］. 读书
 文摘（中），2018（12）：1.

［18］高晨阳. 论中国传统哲学整体观［J］. 山东大学学报（哲学社会
 科学版），987（1）：113－121.

［19］高海燕，巩子坤. 义务教育阶段统计与概率教学研究的进展与问题
 ［J］. 数学教育学报，2010，19（3）：12－14.

［20］何建芬. 以学定教，践行深度生本：华阳小学单元整体教学模式的
 实践思考［J］. 课程教学研究，2013（4）：42－46.

［21］和学新. 教学策略的概念、结构及其运用［J］. 教育研究，2000
 （12）：54－58.

［22］侯红梅. 教学目标：课堂教学的灵魂［J］. 小学数学教育，2018，
 280（22）：8－10.

［23］胡久华，张银屏. 促进学生认知发展的单元整体教学［J］. 教育

科学研究, 2014 (8): 64-65.

[24] 黄甫全, 左璜. 当代行动研究的自由转身: 走向整体主义 [J].
教育学报, 2012 (1): 40-48.

[25] 黄高庆, 申继亮, 辛涛. 关于教学策略的思考 [J]. 教育研究,
1998 (11): 50-54.

[26] 季苹. 如何落实三维目标? (一): 对教学"单元"的再理解 [J].
基础教育课程, 2005 (8): 18-22.

[27] E. D. 加涅, 博森, 邵瑞珍. 教学与学习的有效策略 (上) [J].
外国教育资料, 1991 (5): 16-23.

[28] 江世勇, 代礼胜. 从自为到自觉: 教师意识的觉醒与教师专业发展
的内涵重构 [J]. 教育理论与实践, 2012, 32 (26): 30-33.

[29] 蒋永贵, 项红专, 金鹏. 科学探究教学评价体系的构建与实践
[J]. 课程·教材·教法, 2005 (12): 60-64.

[30] 孔凡哲, 史宁中. 中国学生发展的数学核心素养概念界定及养成途
径 [J]. 教育科学研究, 2017 (6): 5-11.

[31] 赖茂林. 尊重学生个性差异 促进学生全面发展 [J]. 数学学习
与研究, 2010 (18): 121.

[32] 李昌官. "正弦定理和余弦定理"单元教学 [J]. 中国数学教育
(高中版), 2018 (9): 11-15.

[33] 李昌官. 素养为本的高中数学单元起始课教学: 兼谈"平面向量
及其应用"单元起始课教学 [J]. 中学数学教学参考, 2020
(19): 21-26.

[34] 李国强, 邵光华. 数学情感教学的实验研究 [J]. 数学教育学报,
2005 (2): 77-79.

[35] 李吉林. 优化教材结构, 进行"四结合"大单元教学 [J]. 课程

·教材·教法，1995（12）：30－33.

［36］李俊鹏，魏洁. 基于物理学科核心素养的单元教学设计现状分析
［J］. 物理教师，2021，42（1）：29－34.

［37］李润洲. 指向学科核心素养的教学设计［J］. 课程·教材·教法，
2018，38（7）：35－40.

［38］李铁安，宋乃庆. 高中解析几何教学策略：数学史的视角［J］.
数学教育学报，2007（2）：90－94.

［39］李晓波.“问题串”为数学应用题教学“导航”［J］. 上海中学数
学，2016（11）：18－21.

［40］李雪娇. 优化学生多元化体系的实践与研究［J］. 考试与评价，
2017（9）：37.

［41］李英. 高中数学单元学习活动的设计策略：以“数列”单元为例
［J］. 上海中学数学，2020（9）：1－5＋11.

［42］李院德. 基于学科核心素养的高中数学单元教学设计研究［J］.
中学数学教学，2021（6）：24－29.

［43］林崇德. 中国学生核心素养研究［J］. 心理与行为研究，2017，
15（2）：145－154.

［44］玲如. 莫里逊单元教学法［J］. 上海教育科研，1985（5）：41＋28.

［45］刘剑锋. 问题驱动教学：“函数的单调性”的课堂实录与思考［J］
. 中学数学教学参考，2020（Z1）：71－74.

［46］刘剑锋. 问题驱动教学设计与实践的调查研究报告［J］. 文渊
（中学版），2019（6）：322－323.

［47］刘奇飞. 大单元教学中的微观视角：以康有为的民主思想教学为例
［J］. 教学管理与教育研究，2022（5）：78－80.

［48］卢家楣. 对情感教学心理研究的思考与探索［J］. 心理发展与教

育，2015（1）：78 - 84.

[49] 卢明.大单元设计背景下"单元导学"的设计策略：以高中数学
"函数的概念与性质"单元为例 [J].中学教研（数学），2021
（6）：1 - 4.

[50] 罗祖兵.从"预成"到"生成"：教学思维方式的必然选择 [J].
教育研究与评论（中学教育教学），2009（6）：79.

[51] 吕世虎，吴振英，杨婷，等.单元教学设计及其对促进数学教师专
业发展的作用 [J].数学教育学报，2016，25（5）：16 - 21.

[52] 吕世虎，杨婷，吴振，英.数学单元教学设计的内涵、特征以及基
本操作步骤 [J].当代教育与文化，2016，8（4）：41 - 46.

[53] 毛晓如.创设有效问题串，引导学生自主学习 [J].数学之友，
2014（20）：56 - 56.

[54] 孟迎芳，连榕，郭春彦.专家—熟手—新手型教师教学策略的比较
研究 [J].心理发展与教育，2004（4）：70 - 73.

[55] 潘丽萍.朴实也可撑起生物高效课堂 [J].湖南教育（下旬刊），
2012（3）：59 - 59.

[56] 裴新宁，刘新阳.为21世纪重建教育：欧盟"核心素养"框架的
确立 [J].全球教育展望，2013，（12）：89 - 102.

[57] 乔爱萍.论弗赖登塔尔数学教育思想的现实意义 [J].江苏教育
研究，2014（4）：53 - 57.

[58] 任北上，郭晶晶，李碧荣，等.以函数思想统领中学数学教学内容
的思考与探索 [J].中学数学教学参考，2015（27）：72 - 74.

[59] 任明满.大单元教学：历史脉络、研究现状及路径选择 [J].课
程·教材·教法，2022，42（4）：97 - 105.

[60] 申铁.数学"单元—课时"教学的实践与思考：课例"对数的概

念与运算性质"评析 [J]. 中国数学教育，2019（8）：31－33.

[61] 时俊卿. 我们需要什么样的教学策略 [J]. 山西教育（教育管理），2008（2）：56.

[62] 史宁中. 漫谈数学的基本思想 [J]. 数学教育学报，2011，20（4）：8.

[63] 孙国华. 论《周易》的整体观 [J]. 东岳论丛，1998（1）：61－66.

[64] 孙军波. 核心素养观下的主题单元起始课教学实践：以复数单元起始课为例 [J]. 数学通报，2019，58（12）：31－34.

[65] 孙志刚. 单元教学设计：值得提倡的教研模式 [J]. 甘肃教育，2015（12）：16.

[66] 唐世纲. 整体主义视域中的教学论研究 [J]. 当代教育科学，2010（13）：30－32.

[67] 田乐，刘明玮. 高校教师所应有的教学观：面对高校的应用型转型发展 [J]. 求知导刊，2015（11）：154－155.

[68] 汪宇. 注重整体教学　提升数学素养：以"相交线"的教学为例 [J]. 初中数学教与学，2020（4）：11－14.

[69] 王光生，何克抗. 基于信息技术的数学问题解决教学策略 [J]. 开放教育研究，2009（2）：37－43.

[70] 王尚志. 如何在数学教育中提升学生的数学核心素养 [J]. 中国教师，2016（9）：33－38.

[71] 王学东. 试论单元教学的基本原则 [J]. 西北师大学报（社会科学版），1993（2）：90－92.

[72] 韦一平. 教学策略的三维研究视角 [J]. 教师教育研究，2006（1）：29－33.

［73］魏烁，李建书．基于核心素养设计数学活动的基本策略［J］．中国数学教育，2020（Z2）：37－39．

［74］夏永庚，崔波．透视教学生成：海德格尔"建构生成"的视角［J］．当代教育科学，2011（3）：19－21．

［75］肖川．知识观与教学［J］．全球教育展望，2004，33（11）：13－17．

［76］谢玉平．基于核心素养的数学单元教学初探［J］．中学数学教学参考，2019（16）：26－29＋42．

［77］徐乃楠，王宪昌．数学文化热与数学文化史研究［J］．自然辩证法通讯，2009（3）：14－17．

［78］徐水生．中国传统文化中的瑰宝：先秦朴素系统观初探［J］．武汉大学学报（人文科学版），1990（3）：20－26．

［79］杨叔子．数学很重要　文化很重要　数学文化也很重要——打造文理交融的教学文化课程［J］．数学教育学报，2014（6）：4－6．

［80］杨四耕．教学理解与人文化成：教学诠释学研究［J］．华东师范大学学报（教育科学版），2004（4）：9－16．

［81］杨玉琴．核心素养视域下的单元教学设计：内涵解析及基本框架［J］．化学教学，2020（5）：3－8＋15．

［82］姚计海．教学自主：教师专业发展的动力［J］．中国教育学刊，2009（6）：83－86．

［83］姚卫群．古印度奥义书中的事物生成理论及其影响［J］．陕西师范大学学报（哲学社会科学版），2014（5）：15－20．

［84］叶树荣．单元目标教学存在的问题及对策［J］．职业卫生教育，2001（3）：67．

［85］俞宣孟．马克思主义哲学与本体论问题［J］．上海社会科学院学

术季刊，1994（1）：103－112.

［86］虞青荣．淡问题串教学法的简约设计［J］．文理导航（下旬），2013（15）：41－41.

［87］张丹，于国文．"观念统领"的单元教学：促进学生的理解与迁移［J］．课程·教材·教法，2020，40（5）：112－118.

［88］张广君，曾华英．论走向人本化的教学［J］．天津师范大学学报（社会科学版），2007（3）：72－76.

［89］张广君，孙琳．教学认识论的人道主义向度：生成论教学哲学的立场［J］．教育研究．2013（4）：106－112.

［90］白改平．水平与垂直数学化思想蕴涵的数学教学观及其实施步骤［J］．数学教育学报，2009，18（2）：25－27.

［91］鲍曼，曲素荣，濮安山．高中数学教师教学策略结构的调查与研究［J］．数学教育学报，2003（2）：59－63.

［92］曾先梅．数学教学要让学生学会数学化［J］．中学数学（初中版），2012（12）：51－52.

［93］陈彩虹，赵琴，汪茂华，等．基于核心素养的单元教学设计：全国第十届有效教学理论与实践研讨会综述［J］．全球教育展望，2016，45（1）：121－128.

［94］陈昌岑．"始前教学策略"的作用：始前测验、行为目标、概要和先行组织者［J］．外国教育动态，1986（5）：50－55＋39.

［95］陈铭睿．孙维刚教学方法新解读［J］．中学数学研究（华南师范大学版），2017（16）：24－25.

［96］陈向明．什么是"行动研究"［J］．教育研究与实验，1999（2）：60－67＋73.

［97］张兰秀，王瑞华．数学课堂教学中问题的设计［J］．科技资讯，

2010（9）：174－174.

[98] 张粒，陈国．单元整体教学视角下聚焦重要概念的课时教学实践
[J]．生物学教学，2021，46（3）：29－32.

[99] 张晓波．例谈教师是"用教材"而不是"教教材"[J]．新课程
（中学版），2012（11）：36－37.

[100] 张晓洁，张广君．教学认识论的当代转向：从知识论到生成论：
生成论教学哲学的认识论镜像[J]．教育研究，2017（7）：
130－138.

[101] 张晓洁．当代"教学生成"理论的发展路径及其走向：生成论教
学哲学的视域[J]．当代教育与文化，2018（5）：88－93.

[102] 张晓洁．我国当代教学认识论[J]．教育与教学研究，2015，
（4）：1－8.

[103] 张志勇．单元达标教学改革的方法论探讨[J]．教育研究，1996
（10）：50－55.

[104] 张志勇．义务教育教学新体系的探索：关于单元达标教学的研究
[J]．电化教育研究，1995（2）：66－71.

[105] 章建跃．《普通高中教科书·数学（人教A版）》"单元—课时教
学设计"体例与要求[J]．中学数学教学参考，2019（22）：
14－16.

[106] 章建跃．数学学科核心素养导向的"单元—课时"教学设计
[J]．中学数学教学参考，2020（13）：5－12.

[107] 赵正铭．略论课堂教学机智[J]．中国教育学刊，2002（3）：
43－45.

[108] 郑晶晶．问卷调查法研究综述[J]．理论观察，2014（10）：
102－103.

［109］钟启泉．"整体教育"思潮的基本观点［J］．全球教育展望
　　　　（9）：12－19．

［110］钟启泉．单元设计：撬动课堂转型的一个支点［J］．教育发展研
　　　　究，2015，35（24）：1－5．

［111］钟启泉．单元学习活动的设计［J］．基础教育课程，2017（23）：
　　　　84－85．

［112］钟启泉．对话与文本：教学规范的转型［J］．教育研究，2001
　　　　（3）：33－39．

［113］祝刚．整体学习理论对课程改革的启示［J］．现代教育论丛，
　　　　2011（2）：34－39．

［114］邹广文，崔唯航．从现成到生成：论哲学思维方式的现代转换
　　　　［J］．清华大学学报（哲学社会科学版），2003（2）：1－6．

［115］钟启泉．学会单元设计［J］．新教育，2017（14）：1．

［116］周初霞．聚焦生物学重要概念的单元整体教学设计实践研究
　　　　［J］．生物学教学，2019，44（4）：7－10．

［117］朱昌宝．基于"ADDIE"模型的数学单元教学设计的实践与思
　　　　考：以人教版教材"分式"为例［J］．江苏教育（中学教学
　　　　版），2019（5）：41－44．

［118］朱铭扬．教育评估中的几个问题［J］．常州教育学院学报（社会
　　　　版），1997（2）：18－21．

［119］彭锋，邓元洁，王承菊．整体把握教材：单元教学设计视角——
　　　　以"圆锥曲线与方程"为例［J］．中学数学月刊，2020（4）：
　　　　12－16．

学位论文和网络资源

［1］陈思锦．孙维刚结构教学思想探究［D］．北京：首都师范大学，2012．

［2］崔允漷．新教学从哪里入手？怎样的教学是指向核心素养的？——素养本位的单元设计［EB/OL］．［2020 – 06 – 27］．http：//www. moe. gov. cn/srcsite/A26/moe_ 714/201805/t20180507_ 335240. html.

［3］傅美琳．小学语文习作资源的生成性开发与利用研究［D］．广州：华南师范大学，2020．

［4］黄金鑫．中学语文单元教学研究［D］．福州：福建师范大学，2010．

［5］李大潜．将数学建模思想融入数学类主干课程［C］//大学数学课程报告论坛 2005 论文集．北京：高等教育出版社，2006．

［6］李荣华．初中化学单元教学的实践研究［D］．北京：首都师范大学，2014．

［7］李晓波．运用"问题串"开展高中数学教学的实践研究［D］．广州：华南师范大学，2016．

［8］李鑫倩．基于布鲁姆教育目标分类学指导下的数学单元教学研究［D］．西安：陕西师范大学，2015．

［9］李颖荃．基于培养生命观念的单元教学模式研究与应用［D］．重庆：西南大学，2021．

［10］陆鹏程．基于学情分析的小学数学单元教学设计的研究［D］．上海：上海师范大学，2018．

［11］马蔼琳．高中生立体几何学习障碍及对策的研究［D］．上海：上海师范大学，2011．

［12］南芳．高中数学函数内容教学策略的研究［D］．大连：辽宁师范

大学，2014.

［13］孙惠玉．我国中学语文单元教学研究［D］．上海：华东师范大学，2001.

［14］杨晓红．高中数学概念的教学策略研究［D］．上海：上海师范大学，2011.

［15］喻景生．新课程背景下语文单元教学研究［D］．武汉：华中师范大学，2007.

［16］张芹芹．小学语文单元教学问题与策略研究［D］．北京：首都师范大学，2013.

［17］张然．高中数学单元教学设计的案例研究［D］．重庆：西南大学，2021.

［18］赵婷．"圆锥曲线与方程"单元教学设计研究［D］．甘肃：天水师范学院，2017.

［19］甄颖．初中数学"非线性主干循环活动型"单元教学模式实验研究［D］．长春：东北师范大学，2007.

［20］中华人民共和国教育部．教育部办公厅关于2018年中小学教学用书有关事项的通知［EB/OL］．（2018－04－27）［2018－09－25］．

［21］邹鑫．指向数学学科核心素养的高中章引言课教学设计及实施研究［D］．天津：天津师范大学，2021.

［22］陈嘉颖．主题单元式教学促进高中生数学理解的实践研究［D］．桂林：广西师范大学，2019.

外文文献

［1］ANDERSON D R. Creative teachers：risk，responsibility and love［J］．Journal of Education，2002，183（1）：33－48.

［2］CHALMERS C，CARTER M L，COOPER T，et al. Implementing "big ideas" to advance the teaching and learning of science, technology, engineering, and mathematics (STEM) [J]. International Journal of Science and Mathematics Education, 2017, 15 (1): 25 – 43.

[3] FLAKE C L. Holistic Education: Principles, Perspectives and Practices. A Book of Readings Based on " Education 2000: A Holistic Perspective. " [M]. Holistic Education Press, Brandon, 1993.

[4] GREENWOOD J. , LEVIN M. Introduction to Action Research: Social Research for Social Change [M]. 2nd Ed. Thousand Oaks, CA: Sake, 2006.

[5] KEMMIS S, MCTAGGARE R, NIXON R. The Action Research Planner [M]. Singapore: Springer, 2014.

[6] LANNING, L A. , BROWN T. Designing Learning to Ignite Understanding and Transfer, Grades 4 – 10 [M]. Thousand Oaks, California: Corwin, 2019.

[7] MILLER J P. The Holistic Curriculum. Revised and Expanded Edition [M]. OISE Press, 1996.

[8] MILLER R. Caring for new life: Essays on holistic education [M]. Vermen: Resource Center for Designing, 2000.

[9] MILLER R. New Directions in Education. Selections from Holistic Education Review [M]. Brandon: Holistic Education Press, 1991.

[10] MULLIS I V S, MARTIN M O, Foy P. TIMSS 2007 International Mathematics Report: Findings From lEA's Trends in International Mathematics and Science Study at the Fourth and Eighth Grades [M]. Chestnut HilL MA: TIMSS & PIRLS International Study Center, Boston ollege, 2008.

后 记

一直想写一本书，但苦于能力不足。这本书断断续续写了好几年，始终觉得不够好，但文章本来就是遗憾的艺术。

我比较系统地接受科研写作训练主要集中在攻读博士时期。本以为自己在中学做的科研还可以，但自从攻读博士开始，才深知自己的浅薄，才知道不经过系统的学术训练是难以做好科研的，于是我迎来了有生以来最艰辛的时期。白天忙于工作，只有深夜才是读文献和写作的时间，所以，熬夜是一种常态，时常一天只睡4小时，焦虑和抑郁时常相伴，其间数次想退出，放弃学业，可是又数次被导师和同门劝返，于是，坚持又坚持。6年后我终于毕业了，现在回忆起来，都不知道自己是如何度过那段岁月，如何坚持下来的。每每望着自己额头上日渐稀疏的头发，总是安慰自己这是对无悔青春的交代。

本书得已成型，非常感谢张广君教授的指导，张老师于我亦师亦父亦友，他是一个非常随和、心态乐观、文质彬彬的学者，他对待学术非常热忱，只要是和他讨论学术，他任何时候都非常愉悦。记不清我们两个多少次深夜电话长聊、微信语音畅谈，他解决了我无数次思考受阻后的困顿迷茫……

感谢我的原单位惠州一中所有同事对我的支持，特别感谢刘俊华副局长（原一中校长兼书记）、李海媚书记、陈平胪校长、方志平正高级教师、邬艳莉主任等对我的关心和帮助。我在惠州一中工作18年，毫不夸张地说，是这所学校成就了我。我是一个比较愚笨的人，是一中许多领导和同事指导和帮助了我。在惠州一中工作，你会深深地体会到一种追求卓越、互相成就的良好氛围。虽然我已调到市教科院，但一段时期内又兼了惠州一中高三数学教学和一些行政工作，工作辛苦，却倍感幸福。

感谢现单位惠州市教育局教育科学研究院的所有同事对我的支持，特别感谢周章玉局长、聂育松原院长、陈绍安院长、谢本龙副院长、黄兴习副院长、齐宪未副院长、熊瑶副院长、胡壮丽主任等对我的指导和帮助。刚来到这个部门，院里领导和同事都很无私的指导和帮助我，工作氛围非常好，倍感幸福。

感谢我的家人，在写作过程中，我除了要做好日常繁忙的教学工作以外，还要应付诸如孩子的接送及作业辅导等繁杂的家庭事务，所幸爱人主动承担大部分任务，父亲也时常来帮忙，并且他们由始至终都无怨无悔，在这里表示衷心的感谢！

在我的家人中，尤其要感谢的是我的母亲。是母亲点亮我心中的明灯，让我默默坚持下去。虽然母亲已离我而去10年，但她是我生命中最重要的人，以前是，以后也是。

我的童年是在农村度过的，父亲长期在外地工作，母亲则默默承担起家中的重担。农村有着大量的体力活，如种田、收割、挑水等等，再加上要照顾几个孩子，又有养鸡、养猪等杂事，但母亲竟然可以一个人有条不紊地把这些事情做好。此外，她还经常织毛线衣、刺绣（难度大但收入较高），并让家里的一切都井井有条。虽然我当时感到缺乏父爱，但是因为母亲，我很幸福地度过了童年。

　　母亲很善于处理邻里的关系，所以邻居们非但没有因为父亲不在而欺负我们，还经常帮母亲看小孩，给我们东西吃，母亲走后几年，我回老家时乡里人仍然对母亲赞不绝口。

　　为了给孩子们提供好的环境，母亲建议父亲把我们全家从农村带到城市。为了不让父亲一个人承受养家的压力，母亲开始找工作。因为没有经验，没有学历，母亲最后选择在工厂里工作。一段时间后，母亲觉得每天辛苦地工作到头来只得到很少的工资，如果不小心迟到一次，则会被扣除全部奖金，于是她改行去做生意。因为没有本钱，她选择在龙丰市场卖菜，每天凌晨3点多起床，在菜市场一待就是一天。我印象最深的是母亲心算极强，连我这个受过多年教育的理科生都自愧不如。

　　因为母亲善于经营，家里渐渐有了积蓄，母亲和表哥、表嫂合伙开了一家粮油店，利润较高。可惜天下没有不散的筵席，表哥决定单干，于是之后母亲在家里开起了小店（我家在一楼）。母亲善于沟通与经营，小店生意还是很好。可是因为没有请人帮忙，母亲忙前忙后，既要做生意，又要做家务和照顾小孩，最终因长期紧张而得了甲亢。

　　父亲退休后开始全力在店里帮忙，可惜父亲天生就不是做生意的人，经常找错钱，算错数，与顾客发生争吵，这些都是做生意的大忌。而且父亲脾气暴躁，别人极难与其相处，母亲常常愁得吃不下饭。

　　我因为耳濡目染，从小就对做生意产生了兴趣，初中阶段，除了平时在家里帮忙，周末也会到外面去摆地摊，学到了不少在校园里学不到的东西。

　　应该说，那时母亲把原本一穷二白的家庭，变成了有房并有些积蓄的小康家庭。只是母亲年龄渐大，又过于操劳，在我的建议下最终把店铺租了出去，准备安度晚年。可惜一段时间后母亲感到身体不适，病倒了，后来渐渐加重，8年之后，与世长辞。

母亲的一生，勤劳而朴实，平凡而伟大。可以说，每次在求学和工作中遇到困境，都是母亲积极向上的性格一直鼓励着我，让我坚持下去。我因为母亲而感到自豪。

由于我水平尚有不足，故本书难免存在疏漏，疏漏之处还望读者不吝批评和赐教，我将不胜感激！

李晓波

书于鹅城